A World of Heroes

THE JOINT ASSOCIATION OF
CLASSICAL TEACHERS' GREEK COURSE

A World of Heroes

SELECTIONS FROM
HOMER, HERODOTUS AND SOPHOCLES

TEXT AND RUNNING VOCABULARY

CAMBRIDGE UNIVERSITY PRESS
CAMBRIDGE
LONDON · NEW YORK · MELBOURNE

Published by the Syndics of the Cambridge University Press
The Pitt Building, Trumpington Street, Cambridge CB2 1RP
Bentley House, 200 Euston Road, London NW1 2DB
32 East 57th Street, New York, NY 10022, USA
296 Beaconsfield Parade, Middle Park, Melbourne 3206, Australia

First published 1979

Printed in Great Britain at
the Alden Press, Oxford

Library of Congress cataloguing in publication data

Main entry under title:

A World of Heroes.

1. Greek language – Readers. I. Homerus. II. Herodotus. III.
Sophocles. IV. The Joint Association of Classical Teachers' Greek
Course.

PA260.W6   488'.6'421   79–10740
ISBN 0 521 22462 4

CONTENTS

ABBREVIATIONS

abs.(olute)
acc.(usative)
act.(ive)
adj.(ective)
adv.(erb)
aor.(ist)
art.(icle)
aug.(ment)
cf. (=confer) (Latin: 'compare')
comp.(arative)
cond.(itional)
conj.(ugated, ugation)
contr.(acted, action)
dat.(ive)
decl.(ension)
def.(inite)
del.(iberative)
dir.(ect)
f.(eminine)
fut.(ure)
gen.(itive)
imper.(ative)
impf.(=imperfect)
inc.(luding)
ind.(icative)
indec.(linable)
indef.(inite)
indir.(ect)
inf.(initive)
irr.(egular)
lit.(erally)
m.(asculine)
mid.(dle)
n.(euter)
nom.(inative)

opt.(ative)
part.(iciple)
pass.(ive)
perf.(ect)
pl.(ural)
plup.(erfect)
prep.(osition)
pres.(ent)
prim.(ary)
pron.(oun)
q.(uestion)
redupl.(icated, ication)
rel.(ative)
s.(ingular)
sc.(ilicet) (Latin: 'presumably')
sec.(ondary)
seq.(uence)
sp.(eech)
str.(ong)
subj.(unctive)
sup.(erlative)
tr.(anslate)
uncontr.(acted)
unfulf.(illed)
vb. (=verb)
voc.(ative)
wk. (=weak)
1st, 2nd, 3rd *refer to persons of the verb, i.e.*
    1st s.   ='I'
    2nd s. ='you'
    3rd s. ='he, she, it'
    1st pl. ='we'
    2nd pl.='you'
    3rd pl.='they'

PREFACE

The J.A.C.T. Greek Course

The J.A.C.T. Greek Course, which is aimed at beginning students in the upper school, at university and in adult education, was produced by a Project Team (Dr P.V. Jones, Dr K.C. Sidwell and Miss F.E. Corrie) working full-time at Hughes Hall, Cambridge, between 1974 and 1978, under the guidance of a Steering Committee and Advisory Panel made up as follows:

Steering Committee: Professor J.P.A. Gould (Bristol University) (Chairman); M.G. Balme (Harrow School); R.M. Griffin (Manchester Grammar School); Dr J.T. Killen (Joint Treasurer, Jesus College, Cambridge); Sir Desmond Lee (Joint Treasurer, President, Hughes Hall, Cambridge); A.C.F. Verity (Headmaster, Leeds Grammar School); Miss E.P. Story (Hughes Hall, Cambridge).

Advisory Panel: G.L. Cawkwell (University College, Oxford); Dr J. Chadwick (Downing College, Cambridge); Professor A. Morpurgo Davies (Somerville College, Oxford); Sir Kenneth Dover (President, Corpus Christi College, Oxford); Professor E.W. Handley (University College, London); B.W. Kay (HMI); Dr A.H. Sommerstein (Nottingham University); Dr B. Sparkes (Southampton University); G. Suggitt (Headmaster, Stratton School); A.F. Turberfield (HMI).

The first part of the J.A.C.T. Greek Course is *Reading Greek* (C.U.P., 1978). It consists of two volumes, one of *Text* and one of *Grammar, Vocabulary and Exercises* (with an accompanying Morphology Chart), and gives the student a thorough introduction to Attic Greek as well as to Herodotus and Homer. The Foreword to *Reading Greek,* written by Sir Kenneth Dover, and the Preface give details of the setting-up, production, testing and methodology of the Course. The two volumes *A World of Heroes: Selections from Homer, Herodotus and Sophocles,* and *The Intellectual Revolution: Selections from Euripides, Thucydides and Plato* are designed to take students on from *Reading Greek* and to give them a graded introduction to six of Ancient Greece's most important authors.

A World of Heroes: Selections from Homer, Herodotus and Sophocles

Each author is represented by a *c.* 300-line introductory extract, the aim of which is to acclimatise the student to the most important features of the author's work, followed by the *c.* 300-line 'target' passage, usually a continuous piece of Greek taken from one of his most important works. (Homer has two 'target' passages.) When students have completed the reading in any author, they should be well prepared to read widely in him. We have taken the selections from the very finest Greek literature, while attempting at the same time to make the selections both coherent and typical of the author's work.

There are two different types of help: one given in the Text itself, the other contained in the J.A.C.T. Greek Course's *Greek Vocabulary* (C.U.P., 1980). Help in the Text is given on the assumption that the grammar and learning vocabulary of *Reading Greek* is known. Asterisked vocabulary will not be given again and has to be learnt. For students who have not used *Reading Greek* and for those whose memory lets them down, *Greek Vocabulary* contains all the learning vocabulary of *Reading Greek* together with all the vocabulary to be learnt in both *A World of Heroes* and *The Intellectual Revolution*. Students therefore have at hand all the help they should need to be able to read these texts with increasing fluency. Students who have used *Reading Greek* will also find that many of the assumptions that the authors of these selections make about their times and their art are familiar, and should therefore be in a good position to explore these texts sensitively and intelligently.

Please note that the vocabulary help given for each author is provided quite independently of the help given with other authors in the selection. Consequently, students can read the authors in any order they like. This principle also applies to the alternative 'target' passages given for Homer: the help given with both 'target' passages assumes that only the preceding introductory passage has been read.

Acknowledgements

The *Acknowledgements* in *Reading Greek* lay out the full extent of the debt we owe to our Steering Committee and Advisory Panel (as well as others), and it is a pleasure to be able to recall that debt again. We must stress again, however, that sole responsibility for all decisions taken about the Course and for all errors of omission and commission lies entirely with the Project Team.

Peter V. Jones (Director)
Keith C. Sidwell (Second Writer)
Frances E. Corrie (Research Assistant)

NOTES

1 Words to be learned are asterisked. They will not appear in the vocabulary again. All such words, together with all the words set to be learnt in *Reading Greek*, appear in the J.A.C.T. Greek Course's *Greek Vocabulary* (forthcoming), which should be used with this book.

2 Linking devices, sparingly used in the Text, link words which are to be taken together. The devices used are ⌐ ¬ and ⌐⌐ ¬¬

3 Sections are numbered to run consecutively through each author. The text is based on the Oxford text, and the Oxford text reference is given in brackets after each section heading.

4 All translations are our own, though we acknowledge a special reliance upon Rawlinson for the Herodotus.

5 All dates are B.C. unless otherwise stated.

CONVENTIONS

1 Noun-types are indicated by a number and letter, e.g. a noun labelled

1a declines like βοή	3b: πρᾶγμα
1b: ἀπορία	3c: πλῆθος
1c: τόλμα	3d: τριήρης
1d: ναύτης, νεανίας	3e: πόλις, πρέσβυς
2a: ἄνθρωπος	3f: ἄστυ
2b: ἔργον	3g: βασιλεύς
3a: λιμήν	3h: ὀφρῦς

2 Adjectives are quoted as follows: καλός ή όν, βραχύς εῖα ύ, ἀληθής ές, κακοδαίμων ον.

3 The most common alternative stem(s) of verbs are quoted unaugmented in brackets after the lexicon form, e.g. μανθάνω (μαθ–).

δῖος Ἀχιλλεύς

HOMER

'Homer' suggests an answer which the maiden singers of Delos should give
when they are asked who is the sweetest singer of all:

> τυφλὸς ἀνήρ, οἰκεῖ δὲ Χίῳ ἔνι παιπαλοέσσῃ,
> τοῦ πᾶσαι μετόπισθεν ἀριστεύουσιν ἀοιδαί.
> 'He is a blind man, and lives in rocky Chios;
> The best songs are all his, for all time.'
> *Homeric Hymn to Delian Apollo*, 172–3

This Selection

Introductory passage: Akhilleus and Hektor (*Iliad* 22.1–130) page 4
Target passages: The death of Hektor (*Iliad* 22.131–end) page 14
                     Hektor and Andromakhe (*Iliad* 6.237–end) page 36

Homer and the Homeric poems

The *Iliad* ('Ιλίας (ποίησις), the epic about Ilium (''Ιλιος, or ''Ιλιον, the city of
Ilos, otherwise known as Troy)) – the story of the wrath of Akhilleus and its
resolution during one stage of the Trojan War – and the *Odyssey* ('Οδύσσεια)
– the story of Odysseus' return home after the Trojan War – emerged in Ionia
in substantially the form in which we now have them, around the middle of the
eighth century. Their authorship was attributed to Homer ("Ομηρος). Their
composition owes much to a tradition of oral recitation extending back many
hundreds of years, with the result that the poems are oral in style (even if writing
played a part in their final shaping, a point of dispute). The main feature of an
oral style of composition is the repetition of words, phrases, sentences and even
whole scenes. Scholars are divided on the question of whether the same man
was responsible for both epics, and on the extent to which the two epics can act
as a source for historical truth. The influence of the two epics on Greek thought
was very considerable.

Background to the Iliad

Paris (also called Alexandros), son of the Trojan King Priam, has abducted and taken back to Troy Helen, wife of the Greek King Menelaos. To win Helen back, Menelaos persuades his brother Agamemnon to lead an expedition of Greeks against Troy. Included in the expedition are such Greek heroes as Odysseus (Ulysses in Latin), Aias (Ajax), Diomedes, Patroklos and the greatest fighter of the Greeks, Akhilleus, son of the mortal man Peleus and divine Thetis, and close friend of Patroklos.

When the *Iliad* opens, a heaven-sent plague is spreading throughout the Greek army as it lays siege to Troy. Apollo has sent it, angry because Agamemnon has captured a Trojan girl, the daughter of the priest of Apollo, and refuses to allow her father to ransom her. Agamemnon releases the girl to stop the plague but, in accordance with his status and authority as leader of the expedition against Troy, demands in recompense (and gets) Briseis, a war-captive belonging to Akhilleus. When the furious Akhilleus withdraws from the fighting, taking with him his Myrmidon troops and his friend Patroklos, the Greeks are steadily driven back from Troy. Overtures to Akhilleus fail. When the Trojans reach and burn some Greek ships, Akhilleus permits Patroklos to return to the fray. But Patroklos is killed by Hektor, son of King Priam and Troy's greatest warrior. Akhilleus returns to the battle-field with revenge for Patroklos his only thought.

War and the Iliad

The context of the *Iliad* is war on the field of battle – between Greeks and Trojans, between hero and hero, between god and mortal. But the heart of the action is a human struggle of a different sort – in which the gods are centrally involved – and it is important not to allow the martial context to blur this essential point. Gabriel Germain writes:

> 'I must ask the modern reader who wishes to feel the sweep of *The Iliad* to forget the feelings he has cultivated about war, whatever they are. For the bard, war is not material for theories or sentimentality. It is not a Judgement of God (though the gods wage it) or of History: it does not take the *direction* of an evolution, good or bad. It does not assume the divine rhythm of destruction and creation. Death on the field of battle is a simple reality which requires no commentary. It is confronted in the same way as the other crude realities of existence: they are accepted by the very fact that life is accepted. Homeric man never renounces life; that is why he has no "problem" about death . . .
>
> Considered thus, as a great phenomenon of nature, difficult for everyone at one time or another, painful for many, war is governed, at

the level of man-to-man confrontation, by the law of the stronger. Such at least are the appearances as long as we do not see the supernatural background of events. It is here that *The Iliad* puts force at the centre of reality' (Gabriel Germain, *Homer* (trans. Richard Howard) (New York, 1960)).

Introductory passage:
Akhilleus and Hektor (*Iliad* 22.1–130)

Introduction

Akhilleus, enraged by the death of Patroklos at the hands of the Trojan
hero Hektor, has gone berserk, and driven the Trojans single-handed back from
the Greek lines towards Troy. The Trojans have been saved from complete rout
by the intervention of Apollo who, disguising himself as the Trojan Agenor,
diverted Akhilleus long enough for the Trojans to retreat within Troy's gates.

1 *As the Trojans flee in terror back into the city of Troy, only Hektor*
remains outside the walls. Apollo taunts the furious Akhilleus. (1–24)

ὣς οἱ μὲν κατὰ ἄστυ πεφυζότες ἠΰτε νεβροὶ
ἱδρῶ ἀπεψύχοντο πίον τ᾽ ἀκέοντό τε δίψαν,
κεκλιμένοι καλῇσιν ἐπάλξεσιν· αὐτὰρ Ἀχαιοὶ
τείχεος ἆσσον ἴσαν, σάκε᾽ ὤμοισι κλίναντες.
Ἕκτορα δ᾽ αὐτοῦ μεῖναι ὀλοιὴ μοῖρα πέδησεν   5
Ἰλίου προπάροιθε πυλάων τε Σκαιάων.
αὐτὰρ Πηλείωνα προσηύδα Φοῖβος Ἀπόλλων·
'τίπτε με,᾽ Πηλέος υἱέ, ποσὶν ταχέεσσι διώκεις,
αὐτὸς θνητὸς ἐὼν ᾽θεὸν ἄμβροτον; οὐδέ νύ πώ με
ἔγνως ὡς θεός εἰμι, σὺ δ᾽ ἀσπερχὲς μενεαίνεις.   10
ἦ νύ τοι οὔ τι μέλει Τρώων πόνος, οὓς ἐφόβησας,
οἳ δή τοι εἰς ἄστυ ἄλεν, σὺ δὲ δεῦρο λιάσθης.
οὐ μέν με κτενέεις, ἐπεὶ οὔ τοι μόρσιμός εἰμι.᾽
   τὸν δὲ μέγ᾽ ὀχθήσας προσέφη πόδας ὠκὺς Ἀχιλλεύς·
'ἔβλαψάς μ᾽, ἑκάεργε, θεῶν ὀλοώτατε πάντων,   15
ἐνθάδε νῦν τρέψας ἀπὸ τείχεος· ἦ κ᾽ ἔτι πολλοὶ
γαῖαν ὀδὰξ εἷλον πρὶν Ἴλιον εἰσαφικέσθαι.
νῦν δ᾽ ἐμὲ μὲν μέγα κῦδος ἀφείλεο, τοὺς δὲ σάωσας
ῥηϊδίως, ἐπεὶ οὔ τι τίσιν γ᾽ ἔδεισας ὀπίσσω.
ἦ σ᾽ ἂν τεισαίμην, εἴ μοι δύναμίς γε παρείη.᾽   20
   ὣς εἰπὼν προτὶ ἄστυ μέγα φρονέων ἐβεβήκει,
σευάμενος ὥς θ᾽ ἵππος ἀεθλοφόρος σὺν ὄχεσφιν,
ὅς ῥά τε ῥεῖα θέῃσι τιταινόμενος πεδίοιο·
ὣς Ἀχιλεὺς λαιψηρὰ πόδας καὶ γούνατ᾽ ἐνώμα.

ἀεθλόφορος prize-winning
ἀκέομαι slake
ἄλεν (they) were shut in
ἄμβροτος ον immortal
ἀποψύχομαι wipe off
ἄσπερχες furiously
ἆσσον nearer (+gen.)
αὐτοῦ there
*'Αχαιοί, οἱ Akhaians, Greeks
   (2a)
*'Αχι(λ)λεύς, ὁ Akhilleus (3g)
βλάπτω delude
δείδω (δεισ-) fear
δίψα, ἡ thirst (1c)
ἐβεβήκει = plup. of βαίνω
*ἑκάεργος ον far-shooter (i.e.
   Apollo)
*"Εκτωρ ('Εκτορ-), ὁ Hektor
   (3a)
ἔπαλξις, ἡ battlement (3e)
ἠΰτε like
θνητός ή όν mortal
ἱδρώς (ἱδρωτ-), ὁ sweat (3a)
   (acc. ἱδρῶ)
*'Ίλιον, τό (2b) or 'Ίλιος, ἡ
   (2a) Ilium, Troy
*ἴσαν = ᾖσαν
*κλίνω lean (perf. part.

κεκλιμένος)
*κῦδος, τό glory, honour (3c)
λαίψηρα swiftly
λιάζομαι withdraw, retire
μέγα φρονέω be proud
μενεαίνω rage, be angry; be
   sick
*μοῖρα ἡ fate (1b)
μόρσιμος ον destined for
   death
νεβρός, ὁ fawn (2a)
νωμάω move, ply
ὀδάξ with the teeth
*ὀλο(ι)ός όν deadly
ὀπίσσω in the future
ὄχεα, τά chariot (3c)
*ὀχθέω be angry
πεδάω hold fast, shackle
*πεδίον, τό plain (2b)
πεφυζότες = perf. part. of
   φεύγω
*Πηλείων (Πηλειων-), ὁ son
   of Peleus, Akhilleus (3a)
*Πηλεύς, ὁ Peleus, father of
   Akhilleus (3g)
πόνος, ὁ hard fighting, toil
   (2a)
ποσίν = dat. pl. of πούς

προπάροιθε in front of
   (+gen.)
*προσαυδάω address
προτί = πρός
*πυλή, ἡ gate (1a)
*ῥά = ἄρα (+ὅς = 'the very one
   which')
ῥεῖα lightly, easily
*ῥηϊδίως = ῥαδίως
σάκος, τό shield (3c)
*σαόω save
σεύομαι (ἐσσυμ-) hurry,
   charge
*Σκαιαί Skaian (the Trojan gate
   overlooking the plain, facing
   the Greek camp)
*τίνομαι (τ(ε)ισ-) exact
   satisfaction from (+acc.)
*τίπτε why?
*τίσις, ἡ revenge (3e)
τιταίνομαι pull
*Τρῶες, οἱ Trojans (3a)
φοβέω put to flight
*Φοῖβος 'Απόλλων, ὁ Phoibos
   Apollo
*ὠκύς εῖα ύ (πόδας) swift
   (footed)
*ὥς like, so, thus

Walls of Troy

2 Priam, king of Troy and Hektor's father, observes Akhilleus' onslaught and begs Hektor to retreat. (25–76)

τὸν⌐ δ᾽ ὁ γέρων Πρίαμος πρῶτος ἴδεν ὀφθαλμοῖσι,   25
ⁿπαμφαίνονθ᾽ ὥς τ᾽ ἀστέρ᾽ ἐπεσσύμενον πεδίοιο,
ὅς ῥά τ᾽ ὀπώρης εἶσιν, ἀρίζηλοι δέ οἱ αὐγαὶ
φαίνονται πολλοῖσι μετ᾽ ἀστράσι νυκτὸς ἀμολγῷ·
ὅν τε κύν᾽ Ὠρίωνος ἐπίκλησιν καλέουσι.
λαμπρότατος μὲν ὅ γ᾽ ἐστί, κακὸν δέ τε σῆμα τέτυκται,   30
καί τε φέρει πολλὸν πυρετὸν δειλοῖσι βροτοῖσιν·
ὣς τοῦ⌐ χαλκὸς ἔλαμπε περὶ στήθεσσι ⌐θέοντος.
ᾤμωξεν δ᾽ ὁ γέρων, κεφαλὴν δ᾽ ὅ γε κόψατο χερσὶν
ὑψόσ᾽ ἀνασχόμενος, μέγα δ᾽ οἰμώξας ἐγεγώνει
λισσόμενος φίλον υἱόν· ὁ δὲ προπάροιθε πυλάων   35
ἑστήκει, ἄμοτον μεμαὼς Ἀχιλῆϊ μάχεσθαι·
τὸν δ᾽ ὁ γέρων ἐλεεινὰ προσηύδα, χεῖρας ὀρεγνύς·
‘ Ἕκτορ, μή μοι μίμνε, φίλον τέκος, ἀνέρα τοῦτον
οἶος ἄνευθ᾽ ἄλλων, ἵνα μὴ τάχα πότμον ἐπίσπῃς
Πηλεΐωνι δαμείς, ἐπεὶ ἦ πολὺ φέρτερός ἐστι,   40
σχέτλιος· αἴθε θεοῖσι φίλος τοσσόνδε γένοιτο
ὅσσον ἐμοί· τάχα κέν ἑ κύνες καὶ γῦπες ἔδοιεν
κείμενον· ἦ κέ μοι αἰνὸν ἀπὸ πραπίδων ἄχος ἔλθοι·
ὅς μ᾽ υἱῶν πολλῶν τε καὶ ἐσθλῶν εὖνιν ἔθηκε,
κτείνων καὶ περνὰς νήσων ἔπι τηλεδαπάων.   45
καὶ γὰρ νῦν δύο παῖδε, Λυκάονα καὶ Πολύδωρον,
οὐ δύναμαι ἰδέειν Τρώων εἰς ἄστυ ἀλέντων,
τούς μοι Λαοθόη τέκετο, κρείουσα γυναικῶν.
ἀλλ᾽ εἰ μὲν ζώουσι μετὰ στρατῷ, ἦ τ᾽ ἂν ἔπειτα
χαλκοῦ τε χρυσοῦ τ᾽ ἀπολυσόμεθ᾽· ἔστι γὰρ ἔνδον·   50
πολλὰ γὰρ ὤπασε παιδὶ γέρων ὀνομάκλυτος Ἄλτης.
εἰ δ᾽ ἤδη τεθνᾶσι καὶ εἰν Ἀΐδαο δόμοισιν,
ἄλγος ἐμῷ θυμῷ καὶ μητέρι, τοὶ τεκόμεσθα·
λαοῖσιν δ᾽ ἄλλοισι μινυνθαδιώτερον ἄλγος
ἔσσεται, ἢν μὴ καὶ σὺ θάνῃς Ἀχιλῆϊ δαμασθείς.   55

---

*Ἀΐδης, ὁ Hades, god of   ἄλγος, τό anguish, pain (3c)   Ἄλτης, ὁ Altes, father of
   underworld (1d/3a)   *ἀλέντων (gen.) shut in (from   Laothoe
αἴθε =ἔιθε   εἴλω (ἐλσ-, ἀλ-) shut in,   ἄμοτον incessantly
*αἰνός ή όν terrible   block)

*ἀνέρα = ἄνδρα
ἄνευθε apart from (+gen.)
ἀνέχομαι raise
ἀπολύομαι ransom
ἀρίζηλος η ον very bright
*ἀστήρ (ἀστερ-), ὁ star (3a)
  (dat. pl. ἀστράσι)
αὐγή, ἡ beam (1a)
ἄχος, τό grief, anguish (3c)
γέγωνα (perf.) shout
γύψ (γυπ-), ὁ vulture (3a)
*δαμάζω (δαμασ-, pass.
  δαμ-) conquer, subdue
δειλός ή όν cowardly,
  wretched
ἑ him, her (acc.)
*ἔδω eat, devour
*εἰν = ἐν
ἐλεεινά pitifully
ἐπίκλησιν καλέω name
*ἐπισεύομαι
  (ἐπεσσυμ-) sweep across
  (+gen.)
ἔσσεται = ἔσται
εὖνις (εὐνιδ-) deprived of
  (+gen.)
ἐφέπω (ἐπισπ-) meet, draw
  down on oneself

*ζώω (ζάω) live
*ἦ indeed
κρείων ουσα ον ruling
*λαμπρός ά όν bright
*λάμπω shine
Λαοθόη, ἡ Laothoe (1a)
*λαός, ὁ people (2a)
Λυκάων (Λυκαον-), ὁ
  Lykaon (3a)
μέμονα (perf.) be eager,
  furious (part. μεμαώς)
*μίμνω = μένω
μινυνθάδιος α ον small, brief
νυκτός ἀμολγῷ at dead of
  night
*οἰμώζω groan, lament
οἶος α ον alone
ὀνομάκλυτος ον renowned
ὀπάζω bring
ὀπώρη, ἡ autumn (1a)
*ὀρέγω stretch out (pres. part
  ὀρέγων or ὀρεγνύς)
παιδί i.e. to Laothoe
παμφαίνω shine
πέρνημι (περνα-) sell
Πολύδωρος, ὁ Polydoros (2a)
πότμος, ὁ fate, death (2a)
πραπίδες, αἱ heart (3a)

*Πρίαμος, ὁ Priam, king of
  Troy (2a)
πυρετός, ὁ fever (2a)
προπάροιθε in front of
  (+gen.)
σῆμα, τό sign (3b)
στῆθος, τό (or στήθεα, τά)
  chest (3c uncontr.)
στρατός, ὁ army (2a)
σχέτλιος α ον hard,
  unyielding
τάχα quickly, at once
*τεθνᾶσι = 3rd pl. perf. of
  θνῄσκω
*τέκος, τό child (3c)
τεύχω (perf. τέτυγμαι) make,
  prepare (pass. 'be')
τηλεδαπός ή όν afar
*τόσ(σ)ος η ον ... ὅς (σ)ος 'to
  such an extent ... as'
ὑψόσε on high
φέρτερος α ον better
*χαλκός, ὁ bronze (armour),
  sword (2a)
χρυσός, ὁ gold (2a)
Ὠρίων (Ὠριων-), ὁ Orion
  (3a) (Orion, who gave his
  name to a constellation, was a
  hunter)

Priam before the walls

ἀλλ' εἰσέρχεο τεῖχος, ἐμὸν τέκος, ὄφρα σαώσῃς
Τρῶας καὶ Τρῳάς, μηδὲ μέγα κῦδος ὀρέξῃς
Πηλεΐδῃ, αὐτὸς δὲ φίλης αἰῶνος ἀμερθῇς.
πρὸς δ' ἐμὲ τὸν δύστηνον ἔτι φρονέοντ' ἐλέησον,
δύσμορον, ὅν ῥα πατὴρ Κρονίδης ἐπὶ γήραος οὐδῷ   60
αἴσῃ ἐν ἀργαλέῃ φθίσει, κακὰ πόλλ' ἐπιδόντα,
υἷάς τ' ὀλλυμένους ἑλκηθείσας τε θύγατρας,
καὶ θαλάμους κεραϊζομένους, καὶ νήπια τέκνα
βαλλόμενα προτὶ γαίῃ ἐν αἰνῇ δηϊοτῆτι,
ἑλκομένας τε νυοὺς ὀλοῆς ὑπὸ χερσὶν Ἀχαιῶν.   65
αὐτὸν δ' ἂν πύματόν με κύνες⌐ πρώτῃσι θύρῃσιν
ὠμησταὶ ἐρύουσιν, ἐπεί κέ τις ὀξέϊ χαλκῷ
τύψας ἠὲ βαλὼν ῥεθέων ἐκ θυμὸν ἕληται,
⌐οὓς τρέφον ἐν μεγάροισι τραπεζῆας θυραωρούς,
οἵ κ' ἐμὸν αἷμα πιόντες ἀλύσσοντες περὶ θυμῷ   70
κείσοντ' ἐν προθύροισι. νέῳ⌐ δέ τε πάντ' ἐπέοικεν
⌐ἀρηϊκταμένῳ, δεδαϊγμένῳ ὀξέϊ χαλκῷ,
κεῖσθαι· πάντα δὲ καλὰ θανόντι περ, ὅττι φανήῃ·
ἀλλ' ὅτε δὴ πολιόν τε κάρη πολιόν τε γένειον
αἰδῶ τ' αἰσχύνωσι κύνες κταμένοιο γέροντος,   75
τοῦτο δὴ οἴκτιστον πέλεται δειλοῖσι βροτοῖσιν.'

3 Hektor's mother, Hekabe, joins in the appeal. (77–89)

ἦ ῥ' ὁ γέρων, πολιὰς δ' ἄρ' ἀνὰ τρίχας ἕλκετο χερσὶ
τίλλων ἐκ κεφαλῆς· οὐδ' Ἕκτορι θυμὸν ἔπειθε.
μήτηρ δ' αὖθ' ἑτέρωθεν ὀδύρετο δάκρυ χέουσα,
κόλπον ἀνιεμένη, ἑτέρηφι δὲ μαζὸν ἀνέσχε·   80
καί μιν δάκρυ χέουσ' ἔπεα πτερόεντα προσηύδα·
'Ἕκτορ, τέκνον ἐμόν, τάδε τ' αἴδεο καί μ' ἐλέησον
αὐτήν, εἴ ποτέ τοι λαθικηδέα μαζὸν ἐπέσχον·
τῶν μνῆσαι, φίλε τέκνον, ἄμυνε δὲ δήϊον ἄνδρα
τείχεος ἐντὸς ἐών, μηδὲ πρόμος ἵστασο τούτῳ,   85
σχέτλιος· εἴ περ γάρ σε κατακτάνῃ, οὔ σ' ἔτ' ἔγωγε
κλαύσομαι ἐν λεχέεσσι, φίλον θάλος, ὃν τέκον αὐτή,
οὐδ' ἄλοχος πολύδωρος· ἄνευθε δέ σε μέγα νῶϊν
Ἀργείων παρὰ νηυσὶ κύνες ταχέες κατέδονται.'

*αἰδέομαι have respect for, feel
    shame in front of
αἰδώς, ἡ genitals
*αἷμα, τό blood (3b)
αἶσα, ἡ death, fate (1a)
αἰσχύνω mutilate
αἰών (αἰων-), ὁ/ἡ life (3a)
*ἄλοχος, ἡ wife (2a)
ἀλύσσω be restless
ἀμέρδω deprive of (+gen.)
*ἄνευθε far from (+gen.),
    distant
ἀνίημι (ἀνε(ι)-) let fall, open
ἀργαλέος a ον painful
*Ἀργεῖος a ον Greek
ἀρηϊκτάμενος η ον slain in war
γένειον, τό chin, beard (2b)
γῆρας, τό old age
δαΐζω pierce
*δάκρυ (δακρυ-), τό tear
δήϊος η ον grim, hostile
δηϊοτής (δηϊοτητ-), ἡ death,
    mortal struggle (3a)
*δύσμορος ον ill-starred
*δύστηνος ον wretched
*ἐλεέω have mercy on, pity
*ἑλκ(έ)ω drag, violate, lift up
ἐντός inside (+gen.)
ἐπέοικεν it is proper for
    (+dat.)

ἐρύω (ἐ(ι)ρυσ-) drag off
ἑτέρηφι in the other hand
ἑτέρωθεν side by side
ἐφοράω (ἐπιδ-) live to see
*ἦ she (he) spoke
*ἠέ = ἤ (or)
θάλαμος, ὁ
    marriage-chamber (2a)
θάλος, τό offspring (3c)
θρίξ (τριχ-), ἡ hair (3a)
θυρωρός ον guarding gates
*κάρη (καρηατ-, κρατ-), τό
    head (3b)
κατέδομαι = fut. of κατεσθίω,
    devour
κεραΐζω destroy, wreck
κλαύσομαι = fut. of κλαίω
κόλπος, ὁ folds of dress (2a)
Κρονίδης, ὁ son of Kronos,
    i.e. Zeus (1d)
*κτάμενος η ον killed
κῦδος, τό glory (3c)
λαθικηδής ές care-banishing
*λέχος, τό bed, marriage,
    funeral bier (3c)
μαζός, ὁ breast (2a)
*μέγαρα, τά palace (2b)
νήπιος a ον young, innocent
νυός, ἡ daughter-in-law (2a)
νῶϊν us two (gen.)

ὀδύρομαι lament
οἰκτρός ά όν pitiable (sup.
    οἴκτιστος)
*ὀξύς εῖα ύ sharp
ὀρέγω (ὀρεξ-) give
ὅττι φανήῃ whatever happens
οὐδός, ὁ threshold (2a)
πέλομαι be
*περ = καίπερ
*Πηλείδης = Πηλείων
*πολιός ά όν grey
πολύδωρος ον with a rich
    dowry
πρόθυρον, τό (and
    pl.) doorway, porch (2b)
πρόμος, ὁ champion (2a)
*προτί = πρός
*πτερόεις εσσα εν winged
πύματος η ον last
ῥέθεα, τά limbs (3c)
*σχέτλιος a ον hard,
    unyielding
τίλλω pluck
τραπεζεύς fed at table
τρίχας see θρίξ
*Τρῳαί, αἱ Trojan women (1a)
υἷας = υἱούς
φθί(ν)ω (φθισ-) destroy
*χέω pour
ὠμηστής savage, brutal

Slaughter at Troy

4 *Hektor remains resolute. He debates the likely consequences of retreating back into the city or of trying to reach agreement with Akhilleus, but rejects both in favour of facing Akhilleus in single combat.* (90–130)

ὣς τώ γε κλαίοντε προσαυδήτην φίλον υἱόν,   90
πολλὰ λισσομένω· οὐδ' Ἕκτορι θυμὸν ἔπειθον,
ἀλλ' ὅ γε μίμν' Ἀχιλῆα πελώριον ἆσσον ἰόντα.
ὡς δὲ δράκων ἐπὶ χειῇ ὀρέστερος ἄνδρα μένῃσι,
βεβρωκὼς κακὰ φάρμακ', ἔδυ δέ τέ μιν χόλος αἰνός,
σμερδαλέον δὲ δέδορκεν ἑλισσόμενος περὶ χειῇ·   95
ὣς Ἕκτωρ, ἄσβεστον ἔχων μένος, οὐχ ὑπεχώρει,
πύργῳ ἔπι προὔχοντι φαεινὴν ἀσπίδ' ἐρείσας·
ὀχθήσας δ' ἄρα εἶπε πρὸς ὃν μεγαλήτορα θυμόν·
'ὤ μοι ἐγών, εἰ μέν κε πύλας καὶ τείχεα δύω,
Πουλυδάμας μοι πρῶτος ἐλεγχείην ἀναθήσει,   100
ὅς μ' ἐκέλευε Τρωσὶ ποτὶ πτόλιν ἡγήσασθαι
νύχθ' ὕπο τήνδ' ὀλοήν, ὅτε τ' ὤρετο δῖος Ἀχιλλεύς.
ἀλλ' ἐγὼ οὐ πιθόμην· ἦ τ' ἂν πολὺ κέρδιον ἦεν.
νῦν δ' ἐπεὶ ὤλεσα λαὸν ἀτασθαλίῃσιν ἐμῇσιν,
αἰδέομαι Τρῶας καὶ Τρῳάδας ἑλκεσιπέπλους,   105
μή ποτέ τις εἴπῃσι κακώτερος ἄλλος ἐμεῖο·
"Ἕκτωρ, ἧφι βίηφι πιθήσας, ὤλεσε λαόν."
ὣς ἐρέουσιν· ἐμοὶ δὲ τότ' ἂν πολὺ κέρδιον εἴη
ἄντην ἢ Ἀχιλῆα κατακτείναντα νέεσθαι,
ἠέ κεν αὐτῷ ὀλέσθαι ἐϋκλειῶς πρὸ πόληος.   110
εἰ δέ κεν ἀσπίδα μὲν καταθείομαι ὀμφαλόεσσαν
καὶ κόρυθα βριαρήν, δόρυ δὲ πρὸς τεῖχος ἐρείσας
αὐτὸς ἰὼν Ἀχιλῆος ἀμύμονος ἀντίος ἔλθω
καί οἱ ὑπόσχωμαι Ἑλένην καὶ κτήμαθ' ἅμ' αὐτῇ,
πάντα μάλ' ὅσσα τ' Ἀλέξανδρος κοίλῃς ἐνὶ νηυσὶν   115
ἠγάγετο Τροίηνδ', ἥ τ' ἔπλετο νείκεος ἀρχή,
δωσέμεν Ἀτρεΐδῃσιν ἄγειν, ἅμα δ' ἀμφὶς Ἀχαιοῖς
ἄλλ' ἀποδάσσεσθαι, ὅσα τε πτόλις ἧδε κέκευθε·
Τρωσὶν δ' αὖ μετόπισθε γερούσιον ὅρκον ἕλωμαι
μή τι κατακρύψειν, ἀλλ' ἄνδιχα πάντα δάσασθαι   120
κτῆσιν ὅσην πτολίεθρον ἐπήρατον ἐντὸς ἐέργει·
ἀλλὰ τίη μοι ταῦτα φίλος διελέξατο θυμός;
μή μιν ἐγὼ μὲν ἵκωμαι ἰών, ὁ δέ μ' οὐκ ἐλεήσει

'Αλέξανδρος, ὁ Paris (who stole Helen and started the Trojan War) (2a)
*ἅμα together with (+dat.)
ἀμύμων (ἀμυμον-) noble
ἀμφίς besides
ἄνδιχα asunder
ἄντην face to face
ἀντίος α ον face to face with (+gen.)
ἀποδατέομαι (ἀποδασ(σ)-) divide up
ἄσβεστος ον unquenchable
*ἀσπίς (ἀσπιδ-), ἡ shield (3a)
*ἆσσον nearer
ἀτασθαλίη, ἡ folly (1a)
'Ατρείδης, ὁ son of Atreus (Agamemnon, Menelaos) (1d)
βιβρώσκω feed on (perf. part. βεβρωκώς)
βίη, ἡ force, strength (1a)
βριαρός ά όν heavy
γερούσιος α ον taken in council
δατέομαι (δασ(σ)-) divide
δέδορκα (perf.) see
*δόρυ (δουρ-, δορ-, δουρατ-), τό spear
δράκων (δρακοντ-), ὁ snake (3a)
*δύ(ν)ω (δυ-) enter, get into

δωσέμεν =δώσειν
*ἐγών =ἐγώ
ἐέργω lock up, keep safe
ἐλεγχείη, ἡ abuse (1a)
'Ελένη, ἡ Helen (1a)
ἐλίσσω coil
ἐλκεσίπεπλος ον with trailing gowns
ἐμεῖο =ἐμοῦ
ἐντός inside
ἐπήρατος ον lovely
ἐρείδω (ἐρεισ-) lean
ἐϋκλειῶς honourably
*ἦεν =ἦν
ἦφι =ἦ (see ὅς ἥ ὅν)
καταθείομαι =aor. subj. of κατατίθημι lay aside
κέκευθα (perf.) keep hidden
*κέρδιον better
κοῖλος η ον hollow
κόρυς (κορυθ-), ἡ helmet (3a)
κτῆσις, ἡ goods (3e)
μεγαλήτωρ (μεγαλητορ-) noble, great-hearted
*μένος, τό strength, force, passion (3c)
μετόπισθε thereafter
μή (l. 123) = 'Am I afraid that . . .?'
*μή lest (l. 106)

νεῖκος, τό quarrel (3c)
νέομαι return
ὀμφαλόεις εσσα εν bossed
ὀρέστερος α ον mountain-reared
ὅρκος, ὁ oath (2a)
ὄρνυμι (ὀρσ-, ὀρ-) arouse; rise up, begin
*ὅς ἥ ὅν one's own
πέλομαι be (impf. ἔπλετο)
πελώριος α ον gigantic
πιθήσας relying on (+dat.)
πόληος =πόλεως
*ποτί =προτί
Πουλυδάμας, ὁ Poulydamas (Trojan critic of Hektor)
προέχω jut
πτολίεθρον, τό citadel (2b)
*πτόλις =πόλις
πύργος, ὁ tower (2a)
σμερδαλέος α ον malignant
τίη why
Τρωάδες, αἱ Trojan women (3a)
τώ the two of them (nom.)
ὑπό on (+acc.)
*ὑποχωρέω retreat
φαεινός ή όν shining
φάρμακον, τό poison (2b)
χείη, ἡ hole (1a)
χόλος, ὁ anger, fury (2a)

Priam and Hekabe plead with Hektor

οὐδὲ τί μ' αἰδέσεται, κτενέει δέ με γυμνὸν ἐόντα
αὔτως ὥς τε γυναῖκα, ἐπεί κ' ἀπὸ τεύχεα δύω.   125
οὐ μέν πως νῦν ἔστιν ἀπὸ δρυὸς οὐδ' ἀπὸ πέτρης
τῷ ὀαριζέμεναι, ἅ τε παρθένος ἠΐθεός τε,
παρθένος ἠΐθεός τ' ὀαρίζετον ἀλλήλοιιν.
βέλτερον αὖτ' ἔριδι ξυνελαυνέμεν ὅττι τάχιστα·
εἴδομεν ὁπποτέρῳ κεν Ὀλύμπιος εὖχος ὀρέξῃ.᾽   130

ᾰ (l. 127) 'like'

ἀλλήλοιιν = dual of ἀλλήλοις

ἀπὸ . . . δύω strip off

*αὔτως simply, without more
ado

βέλτερον (sc. ἐστί) it is better

*γυμνός ή όν naked

εἴδομεν let us see (aor. subj. of
οἶδα)

ἔρις (ἐριδ-) battle (3a)

εὖχος, τό prayer (3c)

ἠΐθεος, ὁ young lover (2a)

ξυνελαύνω meet, close

ὀαρίζετον = dual of ὀαρίζω

ὀαρίζω talk gently with

Ὀλύμπιος, ὁ the Olympian,
Zeus (2a)

οὐ μὲν . . . πέτρης 'for now, I

suppose, it is not possible,
from an oak or a rock,
to . . .'.

παρθένος, ή maiden (2a)

*τεύχεα, τά harness, armour
(3c)

Hektor leaves his parents

Target passages:
The death of Hektor (*Iliad* 22.131–end)

Note: Sections **1–4** serve as the introduction to this target.

5 *At Akhilleus' approach, Hektor turns to flee. Three times they run round the walls of Troy, as the gods watch.* (131–66)

ὣς ὅρμαινε μένων, ὁ δέ οἱ σχεδὸν ἦλθεν Ἀχιλλεὺς
ἶσος Ἐνυαλίῳ, κορυθάϊκι πτολεμιστῇ,
σείων Πηλιάδα μελίην κατὰ δεξιὸν ὦμον
δεινήν· ἀμφὶ δὲ χαλκὸς ἐλάμπετο εἴκελος αὐγῇ
ἢ πυρὸς αἰθομένου ἢ ἠελίου ἀνιόντος.   135
Ἕκτορα δ', ὡς ἐνόησεν, ἕλε τρόμος· οὐδ' ἄρ' ἔτ' ἔτλη
αὖθι μένειν, ὀπίσω δὲ πύλας λίπε, βῆ δὲ φοβηθείς·
Πηλεΐδης δ' ἐπόρουσε ποσὶ κραιπνοῖσι πεποιθώς.
ἠΰτε κίρκος ὄρεσφιν, ἐλαφρότατος πετεηνῶν,
ῥηϊδίως οἴμησε μετὰ τρήρωνα πέλειαν,   140
ἡ δέ θ' ὕπαιθα φοβεῖται, ὁ δ' ἐγγύθεν ὀξὺ λεληκὼς
ταρφέ' ἐπαΐσσει, ἐλέειν τέ ἑ θυμὸς ἀνώγει·
ὣς ἄρ' ὅ γ' ἐμμεμαὼς ἰθὺς πέτετο, τρέσε δ' Ἕκτωρ
τεῖχος ὕπο Τρώων, λαιψηρὰ δὲ γούνατ' ἐνώμα.
οἱ δὲ παρὰ σκοπιὴν καὶ ἐρινεὸν ἠνεμόεντα   145
τείχεος αἰὲν ὑπὲκ κατ' ἀμαξιτὸν ἐσσεύοντο,
κρουνὼ δ' ἵκανον καλλιρρόω· ἔνθα δὲ πηγαὶ
δοιαὶ ἀναΐσσουσι Σκαμάνδρου δινήεντος.
ἡ μὲν γάρ θ' ὕδατι λιαρῷ ῥέει, ἀμφὶ δὲ καπνὸς
γίγνεται ἐξ αὐτῆς ὡς εἰ πυρὸς αἰθομένοιο·   150
ἡ δ' ἑτέρη θέρεϊ προρέει ἐϊκυῖα χαλάζῃ,
ἢ χιόνι ψυχρῇ, ἢ ἐξ ὕδατος κρυστάλλῳ.
ἔνθα δ' ἐπ' αὐτάων πλυνοὶ εὐρέες ἐγγὺς ἔασι
καλοὶ λαΐνεοι, ὅθι εἵματα σιγαλόεντα
πλύνεσκον Τρώων ἄλοχοι καλαί τε θύγατρες   155
τὸ πρὶν ἐπ' εἰρήνης, πρὶν ἐλθεῖν υἷας Ἀχαιῶν.
τῇ ῥα παραδραμέτην, φεύγων, ὁ δ' ὄπισθε διώκων·
πρόσθε μὲν ἐσθλὸς ἔφευγε, δίωκε δέ μιν μέγ' ἀμείνων
καρπαλίμως, ἐπεὶ οὐχ ἱερήϊον οὐδὲ βοείην

αἴθομαι burn, blaze
ἀμαξιτός, ὁ wagon-way (2a)
ἀναΐσσω spring up
ἄνωγα (perf.) urge
αὐγή, ἡ ray, beam (1a)
αὖθι on the spot
βοείη, ἡ ox-hide (1a)
δινήεις εσσα εν whirling
δοιός ά όν twin
*ἑ him, her, it (=the bird)
ἔασι = εἰσί
*ἐγγύθεν from near at hand
εἴκελος η ον like (+dat.)
ἐϊκώς υῖα ός like (+dat.)
ἐλαφρός ά όν light
ἐμμεμαώς υῖα ός eager
Ἐννάλιος, ὁ raging war god
    (2a)
*ἐπαΐσσω swoop on
ἐπορούω spring
ἐρινεός, ὁ fig-tree (2a)
ἠέλιος = ἥλιος
ἠνεμόεις εσσα εν windy
ἠΰτε like
θέρος, τό summer (3c)
ἱερήϊον, τό sacrificial victim
    (2b)

ἰθύς straight
ἴσος η ον like (+dat.)
καλλίρροος ον sweet-flowing
καπνός, ὁ smoke, steam (2a)
καρπαλίμως swiftly
κίρκος, ὁ hawk (2a)
κορυθάϊξ
    (κορυθαικ-) helmet-shaking
κραιπνός ή όν swift
*κρουνός, ὁ well-head (2a)
κρύσταλλος, ὁ ice (2a)
λαΐνεος α ον of stone
*λαιψηρός ά όν swift
λάσκω scream
λιαρός ά όν warm
μελίη, ἡ ash spear (1a)
*νωμάω move, ply
οἰμάω swoop, pounce
*ὄπισθε behind
ὀπίσω behind
ὄρεσφιν = ὄρεσιν
ὁρμαίνω consider
παραδραμέτην 'the two ran'
πέλεια, ἡ dove (1b)
πέποιθα (perf.) trust in
    (+dat.)
πετεηνά, τά birds (2b)

*πέτομαι fly
πηγή, ἡ spring (1a)
Πηλιάς (Πηλιαδ-) from Mt.
    Pelion
πλυνός, ὁ washing place (2a)
*προρέω flow out
*πρόσθε in front
πτολεμιστής, ὁ warrior (1d)
*ῥέω flow
σείω brandish
σιγαλόεις εσσα εν shining
*Σκάμανδρος, ὁ R.
    Skamandros (2a)
σκοπιή, ἡ watching-post (1a)
σχεδόν near
ταρφέα again and again
τλάω dare
τρέω fear, tremble
τρήρων (τρηρων-) trembling
τρόμος, ὁ fear (2a)
ὕπαιθα under and away
ὑπέκ out from under (+gen.)
*φοβέομαι be put to flight
χάλαζα, ἡ hail (1c)
χιών (χιον-), ἡ snow (3a)
ψυχρός ά όν cold

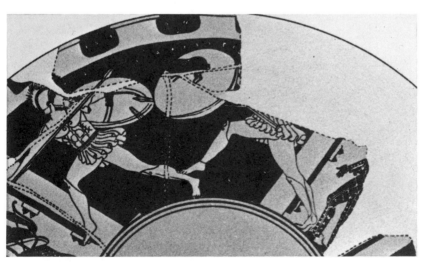

Hektor pursued by Akhilleus

ἀρνύσθην, ἅ τε ποσσὶν ἀέθλια γίγνεται ἀνδρῶν,   16ο
ἀλλὰ περὶ ψυχῆς θέον Ἕκτορος ἱπποδάμοιο.
ὡς δ' ὅτ' ἀεθλοφόροι περὶ τέρματα μώνυχες ἵπποι
ῥίμφα μάλα τρωχῶσι· τὸ δὲ μέγα κεῖται ἄεθλον,
ἢ τρίπος ἠὲ γυνή, ἀνδρὸς κατατεθνηῶτος·
ὡς τὼ τρὶς Πριάμοιο πόλιν πέρι δινηθήτην   16⸏
καρπαλίμοισι πόδεσσι· θεοὶᵣ δ' ἐς ᵗπάντες ὁρῶντο·

6 Zeus considers whether it is possible to save Hektor's life. Athene
reproaches him and Zeus, backing down, tells her to play her part. She
moves into the fray. (167–87)

    τοῖσι δὲ μύθων ἦρχε πατὴρ ἀνδρῶν τε θεῶν τε·
'ὢ πόποι, ἦ φίλον ἄνδρα διωκόμενον περὶ τεῖχος
ὀφθαλμοῖσιν ὁρῶμαι· ἐμὸν δ' ὀλοφύρεται ἦτορ
Ἕκτορος, ὅς μοι πολλὰᵣ βοῶν ἐπὶ ᵗμηρί' ἔκηεν   17ο
Ἴδης ἐν κορυφῇσι πολυπτύχου, ἄλλοτε δ' αὖτε
ἐν πόλει ἀκροτάτῃ· νῦν αὖτέ ἑ δῖος Ἀχιλλεὺς
ἄστυ πέρι Πριάμοιο ποσὶν ταχέεσσι διώκει.
ἀλλ' ἄγετε φράζεσθε, θεοί, καὶ μητιάασθε
ἠέ μιν ἐκ θανάτοιο σαώσομεν, ἦέ μινᵣ ἤδη   17⸏
Πηλεΐδῃ Ἀχιλῆϊ δαμάσσομεν ᵗἐσθλὸν ἐόντα.'
    τὸν δ' αὖτε προσέειπε θεὰ γλαυκῶπις Ἀθήνη·
'ὢ πάτερ ἀργικέραυνε, κελαινεφές, οἷον ἔειπες·
ἄνδρα θνητὸν ἐόντα, πάλαι πεπρωμένον αἴσῃ,
ἂψ ἐθέλεις θανάτοιο δυσηχέος ἐξαναλῦσαι;   18ο
ἔρδ'· ἀτὰρ οὔ τοι πάντες ἐπαινέομεν θεοὶ ἄλλοι.'
    τὴν δ' ἀπαμειβόμενος προσέφη νεφεληγερέτα Ζεύς·
'θάρσει, Τριτογένεια, φίλον τέκος· οὔ νύ τι θυμῷ
πρόφρονι μυθέομαι, ἐθέλω δέ τοι ἤπιος εἶναι·
ἔρξον ὅπῃ δή τοι νόος ἔπλετο, μηδ' ἔτ' ἐρώει.'   18⸏
    ὣς εἰπὼν ὄτρυνε πάρος μεμαυῖαν Ἀθήνην·
βῆ δὲ κατ' Οὐλύμποιο καρήνων ἀΐξασα.

ἀέθλ(ι)ον, τό prize (2b)
ἀεθλοφόρος ον victorious
*αἶσα, ἡ destiny (1c)
*ἀκρός ά όν top
*ἄλλοτε at other times
*ἀπαμείβομαι reply
ἀργικέραυνος ον of the
   shining thunderbolt
ἄρνυμαι struggle over
   (ἀρνύσθην = dual)
ἀτάρ but
*αὖτε again, furthermore
ἄψ again
βοῦς (βο-), ὁ bull, ox
δινέομαι sweep round
δυσηχής ές ill-sounding
ἔκηεν = impf. of καίω
*ἔπλετο 'is' (πέλομαι)
*ἔρδω (ἐρξ-) act

ἐρωέω hold back
ἤπιος α ον gentle
ἦτορ, τό heart
θαρσέω be of good courage
Ἴδη, ἡ Mt Ida (1a)
*ἱππόδαμος ον horse-taming
κάρηνα, τά peaks (2b)
*καρπάλιμος ον swift
κελαινεφής ές dark-clouded
κορυφή, ἡ crest, peak (1a)
*μεμαώς υἷα ός eager
   μέμονα (μεμα-) be eager,
   purpose
μητιάομαι take counsel
μηρία, τά thighs (2b)
μυθέομαι speak, recount
μώνυξ
   (μωνυχ-) single-hoofed
νεφεληγερέτα cloud-gatherer

*ὀτρύνω encourage
ὄπη how
πάρος previously
*πεπρωμένος η ον fated
πολύπτυχος ον many-folded
πρόφρων earnest
ῥίμφα swiftly, lightly
τέρμα, τό turning-post (3b)
τρίπος, ὁ tripod (2a)
*τρίς three times
Τριτογένεια, ἡ Athene (born
   at lake Tritonis) (1b)
τρωχάω wheel around
*τώ the two of them (nom.)
φράζομαι consider
ὦ πόποι what's this? (angry or
   hurt)

Chalcedony scaraboid: two-horse chariot

7 *The relentless chase continues, neither able either to catch or escape the other. On the fourth circuit of the walls, the scales of fate clang down and Athene moves in to address Akhilleus, urging him to pause for breath. (188–225)*

Ἕκτορα δ' ἀσπερχὲς κλονέων ἔφεπ' ὠκὺς Ἀχιλλεύς.
ὡς δ' ὅτε νεβρὸν ὄρεσφι κύων ἐλάφοιο δίηται,
ὄρσας ἐξ εὐνῆς, διά τ' ἄγκεα καὶ διὰ βήσσας·   190
τὸν δ' εἴ πέρ τε λάθῃσι καταπτήξας ὑπὸ θάμνῳ,
ἀλλά τ' ἀνιχνεύων θέει ἔμπεδον, ὄφρα κεν εὕρῃ·
ὣς Ἕκτωρ οὐ λῆθε ποδώκεα Πηλεΐωνα.
ὁσσάκι δ' ὁρμήσειε πυλάων Δαρδανιάων
ἀντίον ἀΐξασθαι ἐϋδμήτους ὑπὸ πύργους,   195
εἴ πώς οἱ καθύπερθεν ἀλάλκοιεν βελέεσσι,
τοσσάκι μιν προπάροιθεν ἀποστρέψασκε παραφθὰς
πρὸς πεδίον· αὐτὸς δὲ ποτὶ πτόλιος πέτετ' αἰεί.
ὡς δ' ἐν ὀνείρῳ οὐ δύναται φεύγοντα διώκειν·
οὔτ' ἄρ' ὁ τὸν δύναται ὑποφεύγειν οὔθ' ὁ διώκειν·   200
ὣς ὁ τὸν οὐ δύνατο μάρψαι ποσίν, οὐδ' ὃς ἀλύξαι.
πῶς δέ κεν Ἕκτωρ κῆρας ὑπεξέφυγεν θανάτοιο,
εἰ μή οἱ πύματόν τε καὶ ὕστατον ἤντετ' Ἀπόλλων
ἐγγύθεν, ὅς οἱ ἐπῶρσε μένος λαιψηρά τε γοῦνα;
λαοῖσιν δ' ἀνένευε καρήατι δῖος Ἀχιλλεύς,   205
οὐδ' ἔα ἱέμεναι ἐπὶ Ἕκτορι πικρὰ βέλεμνα,
μή τις κῦδος ἄροιτο βαλών, ὁ δὲ δεύτερος ἔλθοι.
ἀλλ' ὅτε δὴ τὸ τέταρτον ἐπὶ κρουνοὺς ἀφίκοντο,
καὶ τότε δὴ χρύσεια πατὴρ ἐτίταινε τάλαντα,
ἐν δὲ τίθει δύο κῆρε τανηλεγέος θανάτοιο,   210
τὴν μὲν Ἀχιλλῆος, τὴν δ' Ἕκτορος ἱπποδάμοιο,
ἕλκε δὲ μέσσα λαβών· ῥέπε δ' Ἕκτορος αἴσιμον ἦμαρ,
ᾤχετο δ' εἰς Ἀΐδαο, λίπεν δέ ἑ Φοῖβος Ἀπόλλων.
Πηλεΐωνα δ' ἵκανε θεὰ γλαυκῶπις Ἀθήνη,
ἀγχοῦ δ' ἱσταμένη ἔπεα πτερόεντα προσηύδα·   215
'νῦν δὴ νῶϊ ἔολπα, Διῒ φίλε φαίδιμ' Ἀχιλλεῦ,
οἴσεσθαι μέγα κῦδος Ἀχαιοῖσι προτὶ νῆας,
Ἕκτορα δῃώσαντε μάχης ἄατόν περ ἐόντα.
οὔ οἱ νῦν ἔτι γ' ἔστι πεφυγμένον ἄμμε γενέσθαι,
οὐδ' εἴ κεν μάλα πολλὰ πάθοι ἑκάεργος Ἀπόλλων   220
προπροκυλινδόμενος πατρὸς Διὸς αἰγιόχοιο.
ἀλλὰ σὺ μὲν νῦν στῆθι καὶ ἄμπνυε, τόνδε δ' ἐγώ τοι

ἀατός thirsting for (+gen.)
ἄγκος, τό hollow, glen (3c)
*ἀγχοῦ near
*αἰγίοχος ον aegis-bearing
*αἴσιμος η ον fateful
ἄλαλκε (3rd, s. aor.) defend
  (+dat.)
ἀλύσκω (ἀλυξ-) escape
ἄμμε = ἡμᾶς
ἄμπνυε 'get your breath!'
ἀνανεύω forbid
ἀνιχνεύω track
ἀντίον in front of (+gen.)
ἄντομαι come face to face
  with (+dat.)
ἀποστρέφω (ἀποστρεψ-) turn
  back
*ἀσπερχές unceasingly
βέλεμνον, τό missile (2b)
*βέλος, τό missile, spear (3c)
βήσσα, ἡ valley (1c)
*Δαρδάνιος α ον Trojan
δεύτερος α ον second
δηόω slaughter

δίομαι put to flight
ἔλαφος, ὁ deer (2a)
ἔμπεδον continually
*ἐπόρνυμι (ἐπορσ-,
  ἐπορ-) rouse up
*ὄρνυμι (ὀρσ-) raise, lift;
  ὠρόμην, ὄρωρα rose, began
ἔολπα 'I hope'
ἔστι 'it is possible'
ἐΰδμητος ον well-built
*εὐνή, ἡ covert, bed (1a)
ἐφέπω pursue
θάμνος, ὁ thicket (2a)
καθύπερθεν from above
καρήατι with his head
καταπτήσσω
  (καταπτηξ-) crouch,
  cower
*κήρ (κηρ-), ἡ fate (3a)
κλονέω drive in flight
μάρπτω (μαρψ-) catch up
*μέσ(σ)ος η ον middle, in the
  middle
νεβρός, ὁ fawn (2a)

*ὁρμάω make a rush
ὄρσας see ἐπόρνυμι
*ὁσσάκι as often as
παραφθάνω (παραφθα-) get
  in front
πεφυγμένον γενέσθαι to
  escape
πικρός ά όν bitter, sharp
*ποδώκης ες swift-footed
*προπάροιθε first
προπροκυλίνδομαι intercede
  continually with (+gen.)
πτόλιος = πόλεως
πύματον for the last time
*πύργος, ὁ tower (2a)
ῥέπω tilt down
τάλαντα, τά scales (2b)
τανηλεγής ές which lays men
  low
τιταίνω hold up, balance
*τὸ τέταρτον for the fourth
  time
*τοσσάκι so often
*φαίδιμος η ον glorious

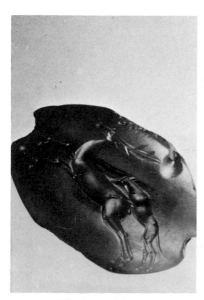

The hunted faun

ἐν δὲ τίθει δύο κῆρε

οἰχομένη πεπιθήσω ἐναντίβιον μαχέσασθαι.᾽
ὣς φάτ᾽ ᾽Αθηναίη, ὁ δ᾽ ἐπείθετο, χαῖρε δὲ θυμῷ,
στῆ δ᾽ ἄρ᾽, ἐπὶ μελίης χαλκογλώχινος ἐρεισθείς.   225

8 *Athene, disguised as Hektor's brother Deiphobos, persuades Hektor to*
   turn and fight Akhilleus with the promise that Deiphobos will help
   him. (226-46)

ἡ δ᾽ ἄρα τὸν μὲν ἔλειπε, κιχήσατο δ᾽ ῞Εκτορα δῖον
Δηϊφόβῳ ἐϊκυῖα δέμας καὶ ἀτειρέα φωνήν·
ἀγχοῦ δ᾽ ἱσταμένη ἔπεα πτερόεντα προσηύδα·
᾽ἠθεῖ᾽, ἦ μάλα δή σε βιάζεται ὠκὺς ᾽Αχιλλεύς,
ἄστυ πέρι Πριάμοιο ποσὶν ταχέεσσι διώκων·   230
ἀλλ᾽ ἄγε δὴ στέωμεν καὶ ἀλεξώμεσθα μένοντες.᾽
   τὴν δ᾽ αὖτε προσέειπε μέγας κορυθαίολος ῞Εκτωρ·
᾽Δηΐφοβ᾽, ἦ μέν μοι τὸ πάρος πολὺ φίλτατος ἦσθα
γνωτῶν, οὓς ῾Εκάβη ἠδὲ Πρίαμος τέκε παῖδας·
νῦν δ᾽ ἔτι καὶ μᾶλλον νοέω φρεσὶ τιμήσασθαι,   235
ὃς ἔτλης ἐμεῦ εἴνεκ᾽, ἐπεὶ ἴδες ὀφθαλμοῖσι,
τείχεος ἐξελθεῖν, ἄλλοι δ᾽ ἔντοσθε μένουσι.᾽
   τὸν δ᾽ αὖτε προσέειπε θεὰ γλαυκῶπις ᾽Αθήνη·
᾽ἠθεῖ᾽, ἦ μὲν πολλὰ πατὴρ καὶ πότνια μήτηρ
λίσσονθ᾽ ἑξείης γουνούμενοι, ἀμφὶ δ᾽ ἑταῖροι,   240
αὖθι μένειν· τοῖον γὰρ ὑποτρομέουσιν ἅπαντες·
ἀλλ᾽ ἐμὸς ἔνδοθι θυμὸς ἐτείρετο πένθεϊ λυγρῷ.
νῦν δ᾽ ἰθὺς μεμαῶτε μαχώμεθα, μηδέ τι δούρων
ἔστω φειδωλή, ἵνα εἴδομεν εἴ κεν ᾽Αχιλλεὺς
νῶϊ κατακτείνας ἔναρα βροτόεντα φέρηται   245
νῆας ἔπι γλαφυράς, ἦ κεν σῷ δουρὶ δαμήῃ.᾽

9 *Hektor fails to secure an agreement from Akhilleus that the corpse of*
   the loser will be respected. (247-72)

ὣς φαμένη καὶ κερδοσύνῃ ἡγήσατ᾽ ᾽Αθήνη·
οἱ δ᾽ ὅτε δὴ σχεδὸν ἦσαν ἐπ᾽ ἀλλήλοισιν ἰόντες,
τὸν πρότερος προσέειπε μέγας κορυθαίολος ῞Εκτωρ·
᾽οὔ σ᾽ ἔτι, Πηλέος υἱέ, φοβήσομαι, ὡς τὸ πάρος περ   250
τρὶς περὶ ἄστυ μέγα Πριάμου δῖον, οὐδέ ποτ᾽ ἔτλην

μεῖναι ἐπερχόμενον· νῦν αὖτέ με θυμὸς ἀνῆκε
στήμεναι ἀντία σεῖο· ἕλοιμί κεν, ἤ κεν ἁλοίην.
ἀλλ' ἄγε δεῦρο θεοὺς ἐπιδώμεθα· τοὶ γὰρ ἄριστοι
μάρτυροι ἔσσονται καὶ ἐπίσκοποι ἁρμονιάων·
οὐ γὰρ ἐγώ σ' ἔκπαγλον ἀεικιῶ, αἴ κεν ἐμοὶ Ζεὺς
δώῃ καμμονίην, σὴν δὲ ψυχὴν ἀφέλωμαι·
ἀλλ' ἐπεὶ ἄρ κέ σε συλήσω κλυτὰ τεύχε', Ἀχιλλεῦ,
νεκρὸν Ἀχαιοῖσιν δώσω πάλιν· ὣς δὲ σὺ ῥέζειν.'

25

*ἀεικίζω defile, maltreat
ἀλέξω ward off, turn aside
*ἀνίημι (ἀνε(ι)-) urge
*ἀντία in face of (+gen.)
ἁρμονία, ἡ agreement (1b)
ἀτειρής, ές unwearying
βροτύεις εσσα εν bloody
γλαφυρός ά όν hollow
γνωτός ή όν well-known,
    friend
γουνόυμαι beseech
δέμας, τό body
*Δηΐφοβος, ό Deiphobos, a
    Trojan (2a)
*δίον 'I fled in fear' from δείδω
    (δεισ-, δεδι-, δεδοικε-)
    fear
*ἐΐκώς υῖα ός like (+dat.)
*Ἑκάβη, ἡ Hekabe, Priam's
    wife (1a)

ἔκπαγλος ον brutal, violent
ἐναντίβιον face to face
ἔναρα, τά spoils, arms (2b)
ἔνδοθι inside
ἔντοσθε inside
ἐξείης in turn
ἐπιδίδομαι take x (acc.) as
    witnesses
ἐπίσκοπος, ό guardian (2a)
*ἐρείδω (ἐρεισ-) lean
ἠθεῖος α ον trusty, honoured
*ἰθύς at once
καμμονίη, ἡ endurance (1a)
κερδοσύνη, ἡ cunning (1a)
*κιχάνω (κιχ-, κιχησ-) meet,
    find
*κλυτός ή όν glorious
*κορυθαίολος ον
    flashing-helmeted
λυγρός ά όν aching, hard

*μελίη, ἡ ash spear (1a)
*νῶϊ us two (acc.)
*πάρος previously
πένθος, τό grief (3c)
πεπιθήσω I shall persuade
πότνια, ἡ queen, mistress,
    lady (1b)
*ῥέζω do, act
στέωμεν=στῶμεν
*συλάω strip
*σχέδον near
τείρω distress, wear out
*τλάω (τλη-) dare
ὑποτρομέω be afraid
φειδωλή, ἡ sparing (1a)
φίλτατος = sup. of φίλος
χαλκογλώχις
    (χαλκογλωχιν-) bronze-
    barbed

Apollo (far right) abandons Hektor while Athene (far left) urges on Akhilleus

τὸν δ᾽ ἄρ᾽ ὑπόδρα ἰδὼν προσέφη πόδας ὠκὺς Ἀχιλλεύς·   260
' Ἕκτορ, μή μοι, ἄλαστε, συνημοσύνας ἀγόρευε·
ὡς οὐκ ἔστι λέουσι καὶ ἀνδράσιν ὅρκια πιστά,
οὐδὲ λύκοι τε καὶ ἄρνες ὁμόφρονα θυμὸν ἔχουσιν,
ἀλλὰ κακὰ φρονέουσι διαμπερὲς ἀλλήλοισιν,
ὣς οὐκ ἔστ᾽ ἐμὲ καὶ σὲ φιλήμεναι, οὐδέ τι νῶϊν   265
ὅρκια ἔσσονται, πρίν γ᾽ ἢ ἕτερόν γε πεσόντα
αἵματος ἆσαι Ἄρηα, ταλαύρινον πολεμιστήν.
παντοίης ἀρετῆς μιμνήσκεο· νῦν σε μάλα χρὴ
αἰχμητήν τ᾽ ἔμεναι καὶ θαρσαλέον πολεμιστήν.
οὔ τοι ἔτ᾽ ἔσθ᾽ ὑπάλυξις, ἄφαρ δέ σε Παλλὰς Ἀθήνη   270
ἔγχει ἐμῷ δαμάᾳ· νῦν δ᾽ ἀθρόα πάντ᾽ ἀποτείσεις
κήδε᾽ ἐμῶν ἑτάρων, οὓς ἔκτανες ἔγχεϊ θύων.'

10 Akhilleus hurls his spear but misses: Hektor's throw fails to penetrate
Akhilleus' shield. Hektor determines to die gloriously. (273–305)

ἦ ῥα, καὶ ἀμπεπαλὼν προΐει δολιχόσκιον ἔγχος·
καὶ τὸ μὲν ἄντα ἰδὼν ἠλεύατο φαίδιμος Ἕκτωρ·
ἕζετο γὰρ προϊδών, τὸ δ᾽ ὑπέρπτατο χάλκεον ἔγχος,   27
ἐν γαίῃ δ᾽ ἐπάγη· ἀνὰ δ᾽ ἥρπασε Παλλὰς Ἀθήνη,
ἂψ δ᾽ Ἀχιλῆϊ δίδου, λάθε δ᾽ Ἕκτορα, ποιμένα λαῶν.
Ἕκτωρ δὲ προσέειπεν ἀμύμονα Πηλείωνα·
'ἤμβροτες, οὐδ᾽ ἄρα πώ τι, θεοῖς ἐπιείκελ᾽ Ἀχιλλεῦ,
ἐκ Διὸς ἠείδης τὸν ἐμὸν μόρον· ἦ τοι ἔφης γε·   280
ἀλλά τις ἀρτιεπὴς καὶ ἐπίκλοπος ἔπλεο μύθων,
ὄφρα σ᾽ ὑποδείσας μένεος ἀλκῆς τε λάθωμαι.
οὐ μέν μοι φεύγοντιⸯ μεταφρένῳ ἐν δόρυ πήξεις,
ἀλλ᾽ ἰθὺς ⸯμεμαῶτι διὰ στήθεσφιν ἔλασσον,
εἴ τοι ἔδωκε θεός· νῦν αὖτ᾽ ἐμὸν ἔγχος ἄλευαι   28
χάλκεον· ὡς δή μιν σῷ ἐν χροῒ πᾶν κομίσαιο.
καί κεν ἐλαφρότερος πόλεμος Τρώεσσι γένοιτο
σεῖο καταφθιμένοιο· σὺ γάρ σφισι πῆμα μέγιστον.'
ἦ ῥα, καὶ ἀμπεπαλὼν προΐει δολιχόσκιον ἔγχος,
καὶ βάλε Πηλεΐδαο μέσον σάκος οὐδ᾽ ἀφάμαρτε·   29
τῆλε δ᾽ ἀπεπλάγχθη σάκεος δόρυ· χώσατο δ᾽ Ἕκτωρ
ὅττι ῥά οἱ βέλος ὠκὺ ἐτώσιον ἔκφυγε χειρός,
στῆ δὲ κατηφήσας, οὐδ᾽ ἄλλ᾽ ἔχε μείλινον ἔγχος.
Δηΐφοβον δὲ κάλει λευκάσπιδα μακρὸν ἀΰσας·

ἦτεέ μιν δόρυ μακρόν· ὁ δ' οὔ τί οἱ ἐγγύθεν ἦεν·   295
Ἕκτωρ δ' ἔγνω ᾗσιν ἐνὶ φρεσὶ φώνησέν τε·
'ὢ πόποι, ἦ μάλα δή με θεοὶ θάνατόνδε κάλεσσαν·
Δηΐφοβον γὰρ ἔγωγ' ἐφάμην ἥρωα παρεῖναι·
ἀλλ' ὁ μὲν ἐν τείχει, ἐμὲ δ' ἐξαπάτησεν Ἀθήνη.
νῦν δὲ δὴ ἐγγύθι μοι θάνατος κακός, οὐδ' ἔτ' ἄνευθεν,   300
οὐδ' ἀλέη· ἦ γάρ ῥα πάλαι τό γε φίλτερον ἦεν
Ζηνί τε καὶ Διὸς υἷι ἑκηβόλῳ, οἵ με πάρος γε
πρόφρονες εἰρύατο· νῦν αὖτέ με μοῖρα κιχάνει.
μὴ μὰν ἀσπουδί γε καὶ ἀκλειῶς ἀπολοίμην,
ἀλλὰ μέγα ῥέξας τι καὶ ἐσσομένοισι πυθέσθαι.'   305

*ἀθρόος a ον all together, all
  at once
αἰχμητής, ὁ spearman (1d)
ἀκλειῶς ingloriously
ἄλαστος ον unforgettable,
  unforgivable
ἀλέη, ἡ defence, escape (1a)
*ἀλέομαι (aor.
  ἠλευάμην) avoid
ἀλκή, ἡ courage (1a)
*ἀμπεπαλών brandishing
  ἀναπάλλω (epic
  ἀμπάλλω) balance,
  brandish
*ἀμύμων ον noble, blame-less
ἄντα face to face
ἀποπλάζομαι
  (ἀποπλαγχθ-) bounce off
*ἀποτίνω (ἀποτ(ε)ισ-) pay
  for
ἀρήν (ἀρν-), ὁ/ἡ lamb, sheep
  (3a)
*Ἄρης, ὁ Ares, god of war
ἀρτιεπής ές glib
ἀσπουδί without a fight
*αὖτε on the other hand
αὔω shout

ἄφαρ immediately
*ἄψ back again
ἄω sate x (acc.) with y (gen.)
διαμπερές forever, entirely
*δολιχόσκιος ον
  long-shadowing
*ἔγχος, τό spear (3c)
*ἕζομαι sit, duck
ἑκηβόλος ον far-shooter
*ἐλαύνω (ἐλασ(σ)-) drive,
  strike
ἐλαφρός ά όν easy
ἐπιείκελος ον like (+dat.)
ἐπίκλοπος ον deceptive in
  (+gen.)
ἐρύομαι (εἰρυ-, ῥυ-) defend,
  protect
ἐσσομένοισι 'for men to
  come'
*ἔστι (l. 262) are possible
ἐτώσιος ον in vain
ἠείδης = ᾔδησθα
ἤμβροτες = ἥμαρτες
*ἥρως, ὁ hero
θύω seethe, rage
καταφθίω destroy, ruin (aor.
  pass. κατεφθίμην)

κατηφέω be discouraged
*κήδεα, τά agonies (3c)
λεύκασπις of the white shield
λέων (λεοντ-), ὁ lion (3a)
λύκος, ὁ wolf (2a)
μάν = μήν
μείλινος η ον of ash
*μετάφρενον, τό back (2b)
*μόρος, ὁ death (2a)
ὁμόφρων ον like-thinking
ὅρκιον, τό oath (2b)
*πήγνυμι (πηξ-, παγ-) stick
πῆμα, τό curse, calamity (3b)
πολεμιστής, ὁ warrior (1d)
*πρόφρων ον kind
*σάκος, τό shield (3c)
*στήθεα, τά chest (3c)
συνημοσύνη, ἡ agreement
  (1a)
ταλαύρινος η ον
  shield-bearing
τῆλε far from (+gen.)
ὑπάλυξις, ἡ escape (3e)
*ὑπερπέτομαι (ὑπερπτα-) fly
  over
ὑπόδρα darkly, grimly
χώομαι (χωσ-) be angry

11 The death of Hektor. *(306–66)*

ὣς ἄρα φωνήσας εἰρύσσατο φάσγανον ὀξύ,
τό οἱ ὑπὸ λαπάρην τέτατο μέγα τε στιβαρόν τε,
οἴμησεν δὲ ἀλεὶς ὥς τ᾽ αἰετὸς ὑψιπετήεις,
ὅς τ᾽ εἶσιν πεδίονδε διὰ νεφέων ἐρεβεννῶν
ἁρπάξων ἢ ἄρν᾽ ἀμαλὴν ἢ πτῶκα λαγωόν·   310
ὣς Ἕκτωρ οἴμησε τινάσσων φάσγανον ὀξύ.
ὁρμήθη δ᾽ Ἀχιλεύς, μένεος δ᾽ ἐμπλήσατο θυμὸν
ἀγρίου, πρόσθεν δὲ σάκος στέρνοιο κάλυψε
καλὸν δαιδάλεον, κόρυθι δ᾽ ἐπένευε φαεινῇ
τετραφάλῳ· καλαὶ δὲ περισσείοντο ἔθειραι   315
χρύσεαι, ἃς Ἥφαιστος ἵει λόφον ἀμφὶ θαμειάς.
οἷος δ᾽ ἀστὴρ εἶσι μετ᾽ ἀστράσι νυκτὸς ἀμολγῷ
ἕσπερος, ὃς κάλλιστος ἐν οὐρανῷ ἵσταται ἀστήρ,
ὣς αἰχμῆς ἀπέλαμπ᾽ εὐήκεος, ἣν ἄρ᾽ Ἀχιλεὺς
πάλλεν δεξιτερῇ φρονέων κακὸν Ἕκτορι δίῳ,   320
εἰσορόων χρόα καλόν, ὅπῃ εἴξειε μάλιστα.
τοῦ δὲ καὶ ἄλλο τόσον μὲν ἔχε χρόα χάλκεα τεύχεα,
καλά, τὰ Πατρόκλοιο βίην ἐνάριξε κατακτάς·
φαίνετο δ᾽ ᾗ κληῖδες ἀπ᾽ ὤμων αὐχέν᾽ ἔχουσι,
λαυκανίην, ἵνα τε ψυχῆς ὤκιστος ὄλεθρος·   325
τῇ ῥ᾽ ἐπὶ οἷ μεμαῶτ᾽ ἔλασ᾽ ἔγχεϊ δῖος Ἀχιλλεύς,
ἀντικρὺ δ᾽ ἁπαλοῖο δι᾽ αὐχένος ἤλυθ᾽ ἀκωκή·
οὐδ᾽ ἄρ᾽ ἀπ᾽ ἀσφάραγον μελίη τάμε χαλκοβάρεια,
ὄφρα τί μιν προτιείποι ἀμειβόμενος ἐπέεσσιν.
ἤριπε δ᾽ ἐν κονίῃς· ὁ δ᾽ ἐπεύξατο δῖος Ἀχιλλεύς·   330
'Ἕκτορ, ἀτάρ που ἔφης Πατροκλῆ᾽ ἐξεναρίζων
σῶς ἔσσεσθ᾽, ἐμὲ δ᾽ οὐδὲν ὀπίζεο νόσφιν ἐόντα,
νήπιε· τοῖο δ᾽ ἄνευθεν ἀοσσητὴρ μέγ᾽ ἀμείνων
νηυσὶν ἔπι γλαφυρῇσιν ἐγὼ μετόπισθε λελείμμην,
ὅς τοι γούνατ᾽ ἔλυσα· σὲ μὲν κύνες ἠδ᾽ οἰωνοὶ   335
ἑλκήσουσ᾽ ἀϊκῶς, τὸν δὲ κτεριοῦσιν Ἀχαιοί.'

---

*ἄγριος α ον wild, savage
αἰετός, ὁ eagle (2a)
ἀϊκῶς foully
αἰχμή, ἡ spear (1a)
ἀκωκή, ἡ point (1a)

ἀλείς 'gathering himself'
ἀμαλός ή όν tender
ἀντικρύ right through
ἁπαλός ή όν soft
ἀπέλαμπ᾽ 'there was a gleam

from' (+gen.)
ἀοσσητήρ, ὁ helper (3a)
ἀρήν (ἀρν-) ὁ/ἡ sheep, lamb
(3a)
ἀσφάραγος, ὁ windpipe (2a)

αὐχήν (αὐχεν-), ὁ neck (3a)
*γλαφυρός ά όν hollow
δαιδάλεος α ον elaborate
ἔθειρα, ἡ hair, fringe (1b)
εἴκει (impers.) it is likely (sc.
  'to be hit')
*ἐμπίμπλημι (ἐμπλησ-) fill
ἐναρίζω strip off
ἐξεναρίζω strip
ἐπεύχομαι boast
ἐπινεύω nod
ἐρεβεννός ή όν gloomy
*ἐρύω (ἐ(ι)ρυ(σ)-, ῥυ-) draw,
  drag
ἕσπερος (ἀστήρ), ὁ Hesperos
  (the evening star) (2a)
εὐήκης ες keen-edged
*ἔχω protect
ἤλυθε = ἦλθε
ἤριπον collapsed (ἐρείπω)
Ἥφαιστος, ὁ Hephaistos
  (blacksmith god) (2a)
θαμέες ειαί thick
ἵνα where

καλύπτω cover, protect
κληῒς (κληιδ-), ἡ collar-bone
  (3a)
*κονίη, ἡ dust (1a)
*κόρυς (κορυθ-), ἡ helmet (3a)
κτερίζω bury
λαγωός, ὁ hare (2a)
λαπάρη, ἡ side (1a)
λαυκανίη, ἡ gullet (1a)
λόφος, ὁ crest (2a)
*μελίη, ἡ ash spear (1a)
μετόπισθε behind
νέφος, τό cloud (3c)
*νήπιος α ον foolish, childish
νόσφιν far off
νυκτὸς ἀμολγῷ at dead of
  night
*οἰμάω swoop
οἰωνός, ὁ vulture (2a)
ὄλεθρος, ὁ death (2a)
*ὅπη where
ὀπίζομαι fear
*πάλλω (πηλ-) brandish
*Πάτροκλος. ὁ (acc.

Πατροκλῆα) Patroklos
  (friend of Akhilleus, killed by
  Hektor) (2a)
περισείω shake
πτώξ (πτωκ-) cowering
στέρνον, τό chest (2b)
στιβαρός ά όν heavy
*τέμνω (ταμ-) cut
τέτατο (it) hung (τείνω)
τετραφάλος ον four-horned
τινάσσω brandish
τόσον μὲν to a certain extent
τοῦ ... ἄλλο 'as for the rest of
  him'
ὑψιπετήεις εσσα εν
  high-flying
φαεινός ή όν shining
φαίνετο ᾗ 'the flesh showed
  where'
*φάσγανον, τό sword (2b)
χαλκοβαρής εἶα ές heavy with
  bronze

Eagles on a hare

Akhilleus moves in for the kill

τὸν δ᾽ ὀλιγοδρανέων προσέφη κορυθαίολος Ἕκτωρ·
'λίσσομ᾽ ὑπὲρ ψυχῆς καὶ γούνων σῶν τε τοκήων,
μή με ἔα παρὰ νηυσὶ κύνας καταδάψαι Ἀχαιῶν,
ἀλλὰ σὺ μὲν χαλκόν τε ἅλις χρυσόν τε δέδεξο,   340
δῶρα τά τοι δώσουσι πατὴρ καὶ πότνια μήτηρ,
σῶμα δὲ οἴκαδ᾽ ἐμὸν δόμεναι πάλιν, ὄφρα πυρός με
Τρῶες καὶ Τρώων ἄλοχοι λελάχωσι θανόντα.'
    τὸν δ᾽ ἄρ᾽ ὑπόδρα ἰδὼν προσέφη πόδας ὠκὺς Ἀχιλλεύς·
'μή με, κύον, γούνων γουνάζεο μηδὲ τοκήων·   345
αἲ γάρ πως αὐτόν με μένος καὶ θυμὸς ἀνείη
ὤμ᾽ ἀποταμνόμενον κρέα ἔδμεναι, οἷα ἔοργας,
ὡς οὐκ ἔσθ᾽ ὃς σῆς γε κύνας κεφαλῆς ἀπαλάλκοι,
οὐδ᾽ εἴ κεν δεκάκις τε καὶ εἰκοσινήριτ᾽ ἄποινα
στήσωσ᾽ ἐνθάδ᾽ ἄγοντες, ὑπόσχωνται δὲ καὶ ἄλλα,   350
οὐδ᾽ εἴ κέν σ᾽ αὐτὸν χρυσῷ ἐρύσασθαι ἀνώγοι
Δαρδανίδης Πρίαμος· οὐδ᾽ ὣς σέ γε πότνια μήτηρ
ἐνθεμένη λεχέεσσι γοήσεται, ὃν τέκεν αὐτή,
ἀλλὰ κύνες τε καὶ οἰωνοὶ κατὰ πάντα δάσονται.'
    τὸν δὲ καταθνῄσκων προσέφη κορυθαίολος Ἕκτωρ·   355
'ἦ σ᾽ εὖ γιγνώσκων προτιόσσομαι, οὐδ᾽ ἄρ᾽ ἔμελλον
πείσειν· ἦ γὰρ σοί γε σιδήρεος ἐν φρεσὶ θυμός.
φράζεο νῦν, μή τοί τι θεῶν μήνιμα γένωμαι
ἤματι τῷ ὅτε κέν σε Πάρις καὶ Φοῖβος Ἀπόλλων
ἐσθλὸν ἐόντ᾽ ὀλέσωσιν ἐνὶ Σκαιῇσι πύλῃσιν.'   360
    ὣς ἄρα μιν εἰπόντα τέλος θανάτοιο κάλυψε,
ψυχὴ δ᾽ ἐκ ῥεθέων πταμένη Ἄϊδόσδε βεβήκει,
ὃν πότμον γοόωσα, λιποῦσ᾽ ἀνδροτῆτα καὶ ἥβην.
τὸν καὶ τεθνηῶτα προσηύδα δῖος Ἀχιλλεύς·
'τέθναθι· κῆρα δ᾽ ἐγὼ τότε δέξομαι, ὁππότε κεν δὴ   365
Ζεὺς ἐθέλῃ τελέσαι ἠδ᾽ ἀθάνατοι θεοὶ ἄλλοι.'

12 Akhilleus drags Hektor's body away. (367–404)
    ἦ ῥα, καὶ ἐκ νεκροῖο ἐρύσσατο χάλκεον ἔγχος,
καὶ τό γ᾽ ἄνευθεν ἔθηχ᾽, ὁ δ᾽ ἀπ᾽ ὤμων τεύχε᾽ ἐσύλα
αἱματόεντ᾽· ἄλλοι δὲ περίδραμον υἷες Ἀχαιῶν,
οἳ καὶ θηήσαντο φυὴν καὶ εἶδος ἀγητὸν   370
Ἕκτορος· οὐδ᾽ ἄρα οἵ τις ἀνουτητί γε παρέστη.
ὧδε δέ τις εἴπεσκεν ἰδὼν ἐς πλησίον ἄλλον·

'ὢ πόποι, ἦ μάλα δὴ μαλακώτερος ἀμφαφάασθαι
Ἕκτωρ ἦ ὅτε νῆας ἐνέπρησεν πυρὶ κηλέῳ.'
ὡς ἄρα τις εἴπεσκε καὶ οὐτήσασκε παραστάς.   375
τὸν δ' ἐπεὶ ἐξενάριξε ποδάρκης δῖος Ἀχιλλεύς,
στὰς ἐν Ἀχαιοῖσιν ἔπεα πτερόεντ' ἀγόρευεν·
'ὢ φίλοι, Ἀργείων ἡγήτορες ἠδὲ μέδοντες,
ἐπεὶ δὴ τόνδ' ἄνδρα θεοὶ δαμάσασθαι ἔδωκαν,
ὃς κακὰ πόλλ' ἔρρεξεν, ὅσ' οὐ σύμπαντες οἱ ἄλλοι,   380
εἰ δ' ἄγετ' ἀμφὶ πόλιν σὺν τεύχεσι πειρηθέωμεν,
ὄφρα κ' ἔτι γνῶμεν Τρώων νόον, ὅν τιν' ἔχουσιν,
ἢ καταλείψουσιν πόλιν ἄκρην τοῦδε πεσόντος,
ἦε μένειν μεμάασι καὶ Ἕκτορος οὐκέτ' ἐόντος.
ἀλλὰ τίη μοι ταῦτα φίλος διελέξατο θυμός;   385
κεῖται πὰρ νήεσσι νέκυς ἄκλαυτος ἄθαπτος
Πάτροκλος· τοῦ δ' οὐκ ἐπιλήσομαι, ὄφρ' ἂν ἔγωγε
ζωοῖσιν μετέω καί μοι φίλα γούνατ' ὀρώρῃ·

ἀγητός ή όν wonderful,
    imposing
ἄθαπτος ον unburied
*αἱματόεις εσσα εν bloody
ἄκλαυτος ον unwept
*ἄκρος α ον top
ἅλις enough
ἀμφαφάω touch, feel
ἀνδρότης (ἀνδροτητ-), ἡ
    manliness (3a)
ἀνουτητί without a stab
*ἄνωγα (perf.) order
ἀπάλαλκε keep off
ἄποινα, τά ransom (2b)
ἀποτέμνω (ἀποταμ-) hack
    away
*γοάω lament
γούναζομαι beseech x (acc.)
    in name of γ (gen.)
Δαρδανίδης, ὁ son of
    Dardanos (ancestor of the
    Trojans) (1d)
δέδεξο take! (δέχομαι)
εἰ δ' ἄγετε come now

εἶδος, τό beauty (3c)
εἰκοσινήριτος η ον twenty
    times
*ἐμπίπρημι (ἐμπρησ-) burn
ἔοργα = perf. of ἔρδω
ἥβη, ἡ youth (1a)
ἡγήτωρ (ἡγητορ-), ὁ leader
    (3a)
*θηέομαι admire
καταδάπτω feed on
καταδατέομαι divide up
κήλεος ον blazing
κρέα, τά flesh
λαγχάνω (λαχ-) give x (acc.)
    his due of γ (gen.)
μαλακός ή όν soft
μέδων (μεδοντ-), ὁ
    counsellor (3a)
*μετέω (subj. of
    μέτειμι) remain among
    (+dat.)
μήνιμα, τό cause of divine
    wrath, a curse (3b)
*νέκυς, ὁ corpse (3h)

ὀλιγοδρανέω be feeble
οὐτάζω stab
ὄφρ' ἄν while
Πάρις (Παριδ-), ὁ Paris (3a)
πειράομαι make an attempt
    on
*ποδάρκης swift-footed
*πότμος, ὁ fate (2a)
πότνια, ἡ mistress, lady
προτιόσσομαι foresee
*ῥέθεα, τά limbs (3c)
σιδήρεος α ον of iron
*σύμπας = πᾶς
*τελέω (τελεσ-) accomplish
*τέλος, τό end, consummation
    (3c)
*τοκεύς, ὁ parent (3g)
ὑπόδρα darkly
φράζομαι consider
φυή, ἡ stature (1a)
*ὠμός ή όν raw

εἰ δὲ θανόντων περ καταλήθοντ᾽ εἰν ᾽Αΐδαο,
αὐτὰρ ἐγὼ καὶ κεῖθι φίλου μεμνήσομ᾽ ἑταίρου.   390
νῦν δ᾽ ἄγ᾽ ἀείδοντες παιήονα κοῦροι ᾽Αχαιῶν
νηυσὶν ἔπι γλαφυρῇσι νεώμεθα, τόνδε δ᾽ ἄγωμεν.
ἠράμεθα μέγα κῦδος· ἐπέφνομεν Ἕκτορα δῖον,
ᾧ Τρῶες κατὰ ἄστυ θεῷ ὣς εὐχετόωντο.᾽
    ἦ ῥα, καὶ Ἕκτορα δῖον ἀεικέα μήδετο ἔργα.   395
ἀμφοτέρων μετόπισθε ποδῶν τέτρηνε τένοντε
ἐς σφυρὸν ἐκ πτέρνης, βοέους δ᾽ ἐξῆπτεν ἱμάντας,
ἐκ δίφροιο δ᾽ ἔδησε, κάρη δ᾽ ἕλκεσθαι ἔασεν·
ἐς δίφρον δ᾽ ἀναβὰς ἀνά τε κλυτὰ τεύχε᾽ ἀείρας
μάστιξέν ῥ᾽ ἐλάαν, τὼ δ᾽ οὐκ ἀέκοντε πετέσθην.   400
τοῦ δ᾽ ἦν ἑλκομένοιο κονίσαλος, ἀμφὶ δὲ χαῖται
κυάνεαι πίτναντο, κάρη δ᾽ ἅπαν ἐν κονίῃσι
κεῖτο πάρος χαρίεν· τότε δὲ Ζεὺς δυσμενέεσσι
δῶκεν ἀεικίσσασθαι ἑῇ ἐν πατρίδι γαίῃ.

13 Priam and Hekabe, with the rest of Troy, lament the dead Hektor.
    (405–36)

    ὣς τοῦ μὲν κεκόνιτο κάρη ἅπαν· ἡ δέ νυ μήτηρ   405
τίλλε κόμην, ἀπὸ δὲ λιπαρὴν ἔρριψε καλύπτρην
τηλόσε, κώκυσεν δὲ μάλα μέγα παῖδ᾽ ἐσιδοῦσα·
ᾤμωξεν δ᾽ ἐλεεινὰ πατὴρ φίλος, ἀμφὶ δὲ λαοὶ
κωκυτῷ τ᾽ εἴχοντο καὶ οἰμωγῇ κατὰ ἄστυ.
τῷ δὲ μάλιστ᾽ ἄρ᾽ ἔην ἐναλίγκιον, ὡς εἰ ἅπασα   410
Ἴλιος ὀφρυόεσσα πυρὶ σμύχοιτο κατ᾽ ἄκρης.
λαοὶ μέν ῥα γέροντα μόγις ἔχον ἀσχαλόωντα,
ἐξελθεῖν μεμαῶτα πυλάων Δαρδανιάων.
πάντας δὲ λιτάνευε κυλινδόμενος κατὰ κόπρον,
ἐξ ὀνομακλήδην ὀνομάζων ἄνδρα ἕκαστον·   415
᾽σχέσθε, φίλοι, καί μ᾽ οἶον ἐάσατε κηδόμενοί περ
ἐξελθόντα πόληος ἱκέσθ᾽ ἐπὶ νῆας ᾽Αχαιῶν,
λίσσωμ᾽ ἀνέρα τοῦτον ἀτάσθαλον ὀβριμοεργόν,
ἤν πως ἡλικίην αἰδέσσεται ἠδ᾽ ἐλεήσῃ
γῆρας· καὶ δέ νυ τῷ γε πατὴρ τοιόσδε τέτυκται,   420
Πηλεύς, ὅς μιν ἔτικτε καὶ ἔτρεφε πῆμα γενέσθαι
Τρωσί· μάλιστα δ᾽ ἐμοὶ περὶ πάντων ἄλγε᾽ ἔθηκε.
τόσσους γάρ μοι παῖδας ἀπέκτανε τηλεθάοντας·

*ἀεικής ές disgraceful
ἀείρω raise, lift
ἀέκων = ἄκων
*ἄλγος, τό grief, pain (3c)
ἀσχαλάω be distressed
ἀτάσθαλος ον wicked
βόεος η ον leather
γῆρας, τό old age
*Δαρδάνιος α ον of Dardanos
   (i.e. Trojan)
δέω bind
δίφρος, ὁ chariot (2a)
δυσμενής ές enemy
ἐλάω = ἐλαύνω (supply ἵππους
   as object)
*ἐλεεινός ή όν piteous, pitying,
   pitied
ἐναλίγκιος α ον like (+dat.)
*ἐξ . . . ὀνομάζω utter aloud
ἐξάπτω attach, fix
*ἑός = ὅς one's own
ἔπεφνον (aor.) slew
εὐχετάομαι pray to, glorify
   (+dat.)
ἡλικίη, ἡ contemporaries (1a)
ἠράμεθα = aor. of ἄρνυμαι

(ἀρ-) win, gain
ἱμάς (ἱμαντ-), ὁ thong, strap
   (3a)
καλύπτρη, ἡ veil (1a)
κατ' ἄκρης from top to
   bottom
καταλήθομαι forget utterly
   (+gen.)
κεῖθι there
*κήδομαι be concerned for,
   anxious
κόμη, ἡ hair (1a)
κονίσαλος, ὁ dust-cloud (2a)
κονίω make dusty
κόπρος, ὁ dung (2a)
κοῦρος, ὁ young man (2a)
κυάνεος ον dark
κυλίνδω roll
*κωκυτός, ὁ wailing (2a)
*κωκύω shriek, lament
λιπαρός ά όν shining
λιτανεύω pray, entreat
μαστίζω whip
μετόπισθε behind (+gen.)
μήδομαι plan, think of
μόγις scarcely, with difficulty

νέομαι return
ὀβριμοεργός όν violent
*οἰμωγή, ἡ lamentation (1a)
ὀνομακλήδην by name
ὀφρυόεις εσσα εν beetling,
   high
παιήων (παιηον-), ὁ victory
   song (3a)
*πῆμα, τό bane, calamity (3b)
πίτναντο spread out (Attic
   πετάννυμι)
πτέρνη, ἡ heel (1a)
σμύχω smoulder
σφυρόν, τό ankle (2b)
τένων (τενοντ-), ὁ tendon
   (3a)
τετραίνω drill holes in
*τεύχω (τευξ-, τετ(ε) υκ-) act,
   make, prepare; be, be made
   (perf. pass.)
τηλεθάω flourish
τηλόσε to a distance
τίλλω pluck, pull out
τώ 'the two horses'
χαίτη, ἡ hair (1a)
χαρίεις εσσα εν graceful

Akhilleus drags off Hektor

τῶν πάντων οὐ τόσσον ὀδύρομαι ἀχνύμενός περ
ὡς ἑνός, οὗ μ' ἄχος ὀξὺ κατοίσεται Ἄϊδος εἴσω,   425
Ἕκτορος· ὡς ὄφελεν θανέειν ἐν χερσὶν ἐμῇσι·
τῶ κε κορεσσάμεθα κλαίοντέ τε μυρομένω τε,
μήτηρ θ', ἥ μιν ἔτικτε δυσάμμορος, ἠδ' ἐγὼ αὐτός.'
    ὣς ἔφατο κλαίων, ἐπὶ δὲ στενάχοντο πολῖται·
Τρῳῇσιν δ' Ἑκάβη ἁδινοῦ ἐξῆρχε γόοιο·   430
'τέκνον, ἐγὼ δειλή· τί νυ βείομαι αἰνὰ παθοῦσα,
σεῦ ἀποτεθνηῶτος; ὅ μοι νύκτας τε καὶ ἦμαρ
εὐχωλὴ κατὰ ἄστυ πελέσκεο, πᾶσί τ' ὄνειαρ
Τρωσί τε καὶ Τρῳῇσι κατὰ πτόλιν, οἵ σε θεὸν ὣς
δειδέχατ'· ἦ γὰρ καί σφι μάλα μέγα κῦδος ἔησθα   435
ζωὸς ἐών· νῦν αὖ θάνατος καὶ μοῖρα κιχάνει.'

14 Hektor's wife Andromakhe, still ignorant of the event, hears the
lament and expresses her fears. (437–59)

    ὣς ἔφατο κλαίουσ', ἄλοχος δ' οὔ πώ τι πέπυστο
Ἕκτορος· οὐ γάρ οἵ τις ἐτήτυμος ἄγγελος ἐλθὼν
ἤγγειλ' ὅττι ῥά οἱ πόσις ἔκτοθι μίμνε πυλάων,
ἀλλ' ἥ γ' ἱστὸν ὕφαινε μυχῷ δόμου ὑψηλοῖο   440
δίπλακα πορφυρέην, ἐν δὲ θρόνα ποικίλ' ἔπασσε.
κέκλετο δ' ἀμφιπόλοισιν ἐϋπλοκάμοις κατὰ δῶμα
ἀμφὶ πυρὶ στῆσαι τρίποδα μέγαν, ὄφρα πέλοιτο
Ἕκτορι θερμὰ λοετρὰ μάχης ἐκ νοστήσαντι,
νηπίη, οὐδ' ἐνόησεν ὅ μιν μάλα τῆλε λοετρῶν   445
χερσὶν Ἀχιλλῆος δάμασε γλαυκῶπις Ἀθήνη.
κωκυτοῦ δ' ἤκουσε καὶ οἰμωγῆς ἀπὸ πύργου·
τῆς δ' ἐλελίχθη γυῖα, χαμαὶ δέ οἱ ἔκπεσε κερκίς·
ἡ δ' αὖτις δμῳῇσιν ἐϋπλοκάμοισι μετηύδα·
'δεῦτε, δύω μοι ἕπεσθον, ἴδωμ' ὅτιν' ἔργα τέτυκται.   450
αἰδοίης ἑκυρῆς ὀπὸς ἔκλυον, ἐν δ' ἐμοὶ αὐτῇ
στήθεσι πάλλεται ἦτορ ἀνὰ στόμα, νέρθε δὲ γοῦνα
πήγνυται· ἐγγὺς δή τι κακὸν Πριάμοιο τέκεσσιν.
αἲ γὰρ ἀπ' οὔατος εἴη ἐμεῦ ἔπος· ἀλλὰ μάλ' αἰνῶς
δείδω μὴ δή μοι θρασὺν Ἕκτορα δῖος Ἀχιλλεὺς   455
μοῦνον ἀποτμήξας πόλιος πεδίονδε δίηται,
καὶ δή μιν καταπαύσῃ ἀγηνορίης ἀλεγεινῆς,
ἥ μιν ἔχεσκ', ἐπεὶ οὔ ποτ' ἐνὶ πληθυῖ μένεν ἀνδρῶν,

ἀλλὰ πολὺ προθέεσκε, τὸ ὃν μένος οὐδενὶ εἴκων.᾽

15 Andromakhe sees Hektor's body dragged from Troy. (460–76)

ὣς φαμένη μεγάροιο διέσσυτο μαινάδι ἴση,   460
παλλομένη κραδίην· ἅμα δ᾽ ἀμφίπολοι κίον αὐτῇ.
αὐτὰρ ἐπεὶ πύργον τε καὶ ἀνδρῶν ἷξεν ὅμιλον,
ἔστη παπτήνασ᾽ ἐπὶ τείχεϊ, τὸν δὲ νόησεν
ἑλκόμενον πρόσθεν πόλιος· ταχέες δέ μιν ἵπποι
ἕλκον ἀκηδέστως κοίλας ἐπὶ νῆας Ἀχαιῶν.   465

ἀγηνορίη, ἡ manliness,
   courage (1a)
ἀδινός ή όν loud, vehement
*αἰδοῖος α ον respected
ἀκηδέστως ruthlessly
ἀλεγεινός ή όν causing pain,
   grievous
ἀπ᾽ οὔατος 'away from my
   ear' i.e. unheard
ἀποτμήγω cut off from
*ἄχνυμαι grieve
*ἄχος, τό pain, distress (3c)
βείομαι (subj.) 'I am to live'
*γόος, ὁ lament (2a)
γυῖον, τό limb (2b)
δειδάχατο = 3rd pl. plup. of
   δέχομαι
*δείδω (δεισ-, δεδοικ-) fear
*δειλός ή όν miserable,
   wretched, cowardly
δεῦτε 'come here!'
*διασεύομαι (διεσσυ-) dart
   through
δίομαι pursue
δίπλαξ (διπλακ-), ἡ double
   folded mantle (3a)
*δμωή, ἡ female slave (1a)
*δυσάμμορος ον most

miserable
*δῶμα, τό house (3b)
εἴκω yield in x (acc.) to y
   (dat.)
*ἔκτοθι outside (+gen.)
ἑκυρά, ἡ mother-in-law (1b)
ἐλελίζομαι tremble
ἐμπάσσω weave in
ἐτήτυμος ον true
εὐχωλή, ἡ glory (1a)
*ζωός ή όν alive
*ἦτορ, τό heart
*θερμός ή όν hot
*θρασύς εῖα ύ bold, brave
θρόνα, τά embroidered
   flowers (2b)
*ἵκω come
*ἴσος η ον resembling, equal to
   (+dat.)
ἱστός, ὁ loom (2a)
κέλομαι give orders
   (κέκλετο = redupl. aor.)
κερκίς (κερκιδ-), ἡ shuttle
   (for weaving) (3a)
*κίω go
*κοῖλος η ον hollow
*κορέννυμι (κορεσ-) satisfy,
   fill

*κραδίη, ἡ heart (1a)
*λοετρόν, τό bath (2b)
μαινάς (μαιναδ-), ἡ
   mad-woman, maenad (3a)
μύρομαι shed tears
μυχός, ὁ corner (2a)
νέρθε beneath, below
*νοστέω return
*ὀδύρομαι lament
ὅμιλος, ὁ crowd (2a)
*ὄνειαρ (ὀνειατ-), τό means of
   strength (3b)
ὄψ (ὀπ-), ἡ voice (3a)
παπταίνω (παπτην-) look
   around searchingly
*πέπυστο = πυνθάνομαι (plup.)
ποικίλος η ον many-coloured
πορφύρεος α ον purple
*πύργος, ὁ tower (2a)
*στενάχομαι bewail, lament
*τῆλε far, far from (gen.)
τρίπους (τριποδ-), ὁ cauldron
   (3a)
ὑφαίνω weave, work at
ὑψηλός ή όν high
χαμαί to the ground
*ὣς ὄφελεν 'would that he...!'
   (+inf.)

τὴν δὲ κατ' ὀφθαλμῶν ἐρεβεννὴ νὺξ ἐκάλυψεν,
ἤριπε δ' ἐξοπίσω, ἀπὸ δὲ ψυχὴν ἐκάπυσσε.
τῆλε δ' ἀπὸ κρατὸς βάλε δέσματα σιγαλόεντα,
ἄμπυκα κεκρύφαλόν τε ἰδὲ πλεκτὴν ἀναδέσμην
κρήδεμνόν θ', ὅ ῥά οἱ δῶκε χρυσέη 'Αφροδίτη   470
ἤματι τῷ ὅτε μιν κορυθαίολος ἠγάγεθ' Ἕκτωρ
ἐκ δόμου 'Ηετίωνος, ἐπεὶ πόρε μυρία ἕδνα.
ἀμφὶ δέ μιν γαλόῳ τε καὶ εἰνατέρες ἅλις ἔσταν,
αἵ ἑ μετὰ σφίσιν εἶχον ἀτυζομένην ἀπολέσθαι.
ἡ δ' ἐπεὶ οὖν ἔμπνυτο καὶ ἐς φρένα θυμὸς ἀγέρθη,   475
ἀμβλήδην γοόωσα μετὰ Τρῳῆσιν ἔειπεν·

16 Andromakhe's lament. (477–515)

'Ἕκτορ, ἐγὼ δύστηνος· ἰῇ ἄρα γιγνόμεθ' αἴσῃ
ἀμφότεροι, σὺ μὲν ἐν Τροίῃ Πριάμου κατὰ δῶμα,
αὐτὰρ ἐγὼ Θήβῃσιν ὑπὸ Πλάκῳ ὑληέσσῃ
ἐν δόμῳ 'Ηετίωνος, ὅ μ' ἔτρεφε τυτθὸν ἐοῦσαν,   480
δύσμορος αἰνόμορον· ὡς μὴ ὤφελλε τεκέσθαι.
νῦν δὲ σὺ μὲν 'Αΐδαο δόμους ὑπὸ κεύθεσι γαίης
ἔρχεαι, αὐτὰρ ἐμὲ στυγερῷ ἐνὶ πένθεϊ λείπεις
χήρην ἐν μεγάροισι· πάϊς δ' ἔτι νήπιος αὔτως,
ὃν τέκομεν σύ τ' ἐγώ τε δυσάμμοροι· οὔτε σὺ τούτῳ   485
ἔσσεαι, Ἕκτορ, ὄνειαρ, ἐπεὶ θάνες, οὔτε σοὶ οὗτος.
ἤν περ γὰρ πόλεμόν γε φύγῃ πολύδακρυν 'Αχαιῶν,
αἰεί τοι τούτῳ γε πόνος καὶ κήδε' ὀπίσσω
ἔσσοντ'· ἄλλοι γάρ οἱ ἀπουρίσσουσιν ἀρούρας.
ἦμαρ δ' ὀρφανικὸν παναφήλικα παῖδα τίθησι·   490
πάντα δ' ὑπεμνήμυκε, δεδάκρυνται δὲ παρειαί,
δευόμενος δέ τ' ἄνεισι πάϊς ἐς πατρὸς ἑταίρους,
ἄλλον μὲν χλαίνης ἐρύων, ἄλλον δὲ χιτῶνος·
τῶν δ' ἐλεησάντων κοτύλην τις τυτθὸν ἐπέσχε,
χείλεα μέν τ' ἐδίην', ὑπερῴην δ' οὐκ ἐδίηνε.   495
τὸν δὲ καὶ ἀμφιθαλὴς ἐκ δαιτύος ἐστυφέλιξε,
χερσὶν πεπληγὼς καὶ ὀνειδείοισιν ἐνίσσων·
"ἔρρ' οὕτως· οὐ σός γε πατὴρ μεταδαίνυται ἡμῖν."
δακρυόεις δέ τ' ἄνεισι πάϊς ἐς μητέρα χήρην,
'Αστυάναξ, ὃς πρὶν μὲν ἑοῦ ἐπὶ γούνασι πατρὸς   500
μυελὸν οἶον ἔδεσκε καὶ οἰῶν πίονα δημόν·

αὐτὰρ ὅθ' ὕπνος ἕλοι, παύσαιτό τε νηπιαχεύων,
εὕδεσκ' ἐν λέκτροισιν, ἐν ἀγκαλίδεσσι τιθήνης,
εὐνῇ ἔνι μαλακῇ, θαλέων ἐμπλησάμενος κῆρ·
νῦν δ' ἂν πολλὰ πάθῃσι, φίλου ἀπὸ πατρὸς ἁμαρτών,   505
'Αστυάναξ, ὃν Τρῶες ἐπίκλησιν καλέουσιν·
οἶος γάρ σφιν ἔρυσο πύλας καὶ τείχεα μακρά.

*ἀγείρω (ἤγειρ-,
   ἠγερθ-) gather together
ἀγκαλίς (ἀγκαλιδ-), ἡ arms
   (3a)
αἰνόμορος ον doomed to a sad
   end
αἶσα, ἡ lot, destiny (1c)
*ἅλις in crowds, plenty
ἀμβλήδην in sudden bursts
   (i.e. sobbing)
ἄμπυξ (ἀμπυκ-), ὁ diadem
   (3a)
ἀμφιθαλής, ὁ child with both
   parents alive
ἀναδεσμή, ἡ hairband (1a)
ἀπο... καπύω breathe away
ἀπουρίζω take away
ἄρουρα, ἡ land, field (1b)
'Αστυάναξ ('Αστυανακτ-), ὁ
   Astyanax (son of Hektor and
   Andromakhe) (3a)
ἀτύζομαι be distraught
   (+inf., 'to the point of')
αὔτως just so, mere
*'Αφροδίτη, ἡ Aphrodite (1a)
γαλόως, ἡ husband's sister
   (nom. pl. γαλόῳ)
δαιτύς, ὁ meal (3g)
*δακρυόεις εσσα εν in tears
δέσμα, τό headband (3b)
δευόμενος = δεόμενος
δημός, ὁ fat (2a)
διαίνω wet, moisten (aor.
   ἐδίηνα)
ἔδνον, τό bride-price,
   wedding-gift (2b)

εἰνάτερες, αἱ wives of
   brothers
ἔμπνυτο 'she recovered
   consciousness' (ἀναπνέω)
ἐνίσσω attack
ἐξοπίσω backwards
ἐπίκλησιν καλέω call by that
   name
ἔπορον gave, offered
ἐρεβεννός ή όν gloomy
*ἐρείπω throw, tear down;
   ἤριπον fell down
ἔρρε 'be off with you!'
*εὕδω sleep
*εὐνή, ἡ bed (1a)
*'Ηετίων ('Ηετιων-), ὁ
   Eetion (king of Thebai and
   father of Andromakhe) (3a)
θάλεα, τά happy thoughts
   (3c)
Θῆβαι, αἱ Thebai (home of
   Eetion, destroyed by
   Akhilleus) (1a)
ἰή (fem.) one, the same
κεκρύφαλος, ὁ hairnet (2a)
κεῦθος, τό depths (3c)
κῆρ (κέαρ), τό heart
κοτύλη, ἡ cup (1a)
κρήδεμνον, τό veil (2b)
λέκτρον, τό couch, bed (2b)
μαλακός ή όν soft
μεταδαίνυμαι share a feast
   with (+dat.)
μυελός, ὁ marrow (2a)
μυρίος, α ον numberless
νηπιαχεύω play like a child

*οἶος α ον alone
*ὄϊς, ὁ/ἡ sheep
*ὀνείδειος ον reproachful (sc.
   'words')
ὀπίσσω in the future
ὀρφανικός ή όν of
   orphan-hood
παναφῆλιξ (παναφηλικ-)
   alone
παρειά, ἡ check (1b)
*πένθος, τό grief, sorrow,
   mourning (3c)
πίων (πιον-) rich
Πλάκος, ἡ mountain above
   Thebai (2a)
πλεκτός ή όν twisted
*πλήττω (πληξ-, πλαγ-,
   πεπληγ-), strike, hit
πολύδακρυς much-lamented
*πόνος, ὁ distress, trouble (2a)
σιγαλόεις εσσα εν shining
*στυγερός ά όν hateful
στυφελίζω strike hard
τιθήνη, ἡ nurse (1a)
τυτθόν (adv.) briefly
ὑλήεις εσσα εν wooded
ὑπεμνήμυκε 'he is utterly
   rejected'
ὑπερῴη, ἡ palate (1a)
χείλος, τό lip (3c)
χήρη, ἡ widow (1a)
*χίτων (χιτων-), ὁ tunic (worn
   next to skin) (3a)
χλαίνα, ἡ cloak (1c)

νῦν δὲ σὲ μὲν παρὰ νηυσὶ κορωνίσι νόσφι τοκήων
αἰόλαι εὐλαὶ ἔδονται, ἐπεί κε κύνες κορέσωνται,
γυμνόν· ἀτάρ τοι εἵματ' ἐνὶ μεγάροισι κέονται   510
λεπτά τε καὶ χαρίεντα, τετυγμένα χερσὶ γυναικῶν.
ἀλλ' ἤτοι τάδε πάντα καταφλέξω πυρὶ κηλέῳ,
οὐδὲν σοί γ' ὄφελος, ἐπεὶ οὐκ ἐγκείσεαι αὐτοῖς,
ἀλλὰ πρὸς Τρώων καὶ Τρωϊάδων κλέος εἶναι.'
    ὣς ἔφατο κλαίουσ', ἐπὶ δὲ στενάχοντο γυναῖκες.   515

αἰόλος η ον wriggling
ἔγκειμαι lie in, be wrapped
 in
εὐλή, ἡ worm, maggot (1a)
καταφλέγω burn up

κέονται = κείνται
κήλεος ον blazing
*κλέος, τό honour (3c)
κορωνίς (κορωνιδ-) curved
λεπτός ή όν fine, delicate

νόσφι far from (+gen.)
*ὄφελος, τό use, help (3c)
*χαρίεις εσσα εν graceful,
 elegant

Target passages:
Hektor and Andromakhe (*Iliad* 6.237–end)

Introduction
Diomedes, the Greek hero, has run amok, and the Trojans are in desperate straits. Hektor is advised by his brother Helenos to go back to Troy and to ask their mother, Hekabe, to gather the women and pray to Athene to spare the Trojans.

17 *Hektor, ordering the women to pray, reaches the palace of his father Priam, king of Troy. The palace is described. (237–50)*

> Ἕκτωρ δ᾽ ὡς Σκαιάς τε πύλας καὶ φηγὸν ἵκανεν,
> ἀμφ᾽ ἄρα μιν Τρώων ἄλοχοι θέον ἠδὲ θύγατρες
> εἰρόμεναι παῖδάς τε κασιγνήτους τε ἔτας τε
> καὶ πόσιας· ὁ δ᾽ ἔπειτα θεοῖς εὔχεσθαι ἀνώγει
> πάσας ἑξείης· πολλῇσι δὲ κήδε᾽ ἐφῆπτο.   520
>   ἀλλ᾽ ὅτε δὴ Πριάμοιο δόμον περικαλλέ᾽ ἵκανε,
> ξεστῇς αἰθούσῃσι τετυγμένον – αὐτὰρ ἐν αὐτῷ
> πεντήκοντ᾽ ἔνεσαν θάλαμοι ξεστοῖο λίθοιο,
> πλησίον ἀλλήλων δεδμημένοι· ἔνθα δὲ παῖδες
> κοιμῶντο Πριάμοιο, παρὰ μνηστῇς ἀλόχοισι·   525
> κουράων δ᾽ ἑτέρωθεν ἐναντίοι ἔνδοθεν αὐλῆς
> δώδεκ᾽ ἔσαν τέγεοι θάλαμοι ξεστοῖο λίθοιο,
> πλησίον ἀλλήλων δεδμημένοι· ἔνθα δὲ γαμβροὶ
> κοιμῶντο Πριάμοιο παρ᾽ αἰδοίης ἀλόχοισιν.

18 *Hekabe meets Hektor and offers him wine. Hektor refuses it and orders her to see to the prayers to Athene. Hektor, meanwhile, will try to find Paris and bring him back into the battle. (251–85)*

> ἔνθα οἱ ἠπιόδωρος ἐναντίη ἤλυθε μήτηρ   530
> Λαοδίκην᾽ ἐσάγουσα, θυγατρῶν εἶδος ᾽ἀρίστην·
> ἔν τ᾽ ἄρα οἱ φῦ χειρὶ ἔπος τ᾽ ἔφατ᾽ ἔκ τ᾽ ὀνόμαζε·
> τέκνον, τίπτε λιπὼν πόλεμον θρασὺν εἰλήλουθας;
> ἦ μάλα δὴ τείρουσι δυσώνυμοι υἷες Ἀχαιῶν

μαρνάμενοι περὶ ἄστυ· σὲ δ' ἐνθάδε θυμὸς ἀνῆκεν   535
ἐλθόντ' ἐξ ἄκρης πόλιος Διὶ χεῖρας ἀνασχεῖν.
ἀλλὰ μέν', ὄφρα κέ τοι μελιηδέα οἶνον ἐνείκω,
ὡς σπείσῃς Διὶ πατρὶ καὶ ἄλλοις ἀθανάτοισι
πρῶτον, ἔπειτα δὲ καὐτὸς ὀνήσεαι, αἴ κε πίῃσθα.
ἀνδρὶ δὲ κεκμηῶτι μένος μέγα οἶνος ἀέξει,   540
ὡς τύνη κέκμηκας, ἀμύνων σοῖσιν ἔτῃσι.'
      τὴν δ' ἠμείβετ' ἔπειτα μέγας κορυθαίολος Ἕκτωρ·
'μή μοι οἶνον ἄειρε μελίφρονα, πότνια μῆτερ,
μή μ' ἀπογυιώσῃς μένεος, ἀλκῆς τε λάθωμαι·
χερσὶ δ' ἀνίπτοισιν Διὶ λείβειν αἴθοπα οἶνον   545
ἄζομαι· οὐδέ πῃ ἔστι κελαινεφέϊ Κρονίωνι
αἵματι καὶ λύθρῳ πεπαλαγμένον εὐχετάασθαι.
ἀλλὰ σὺ μὲν πρὸς νηὸν Ἀθηναίης ἀγελείης
ἔρχεο σὺν θυέεσσιν, ἀολλίσσασα γεραιάς·

ἀγελείη, ἡ the plunderer (1a)
ἀείρω raise, lift, bring
ἀέξω increase, foster
ἄζομαι stand in awe of –ing
   (+inf.)
*αἰδοῖος α ον respectable
αἴθουσα, ἡ entrance,
   colonnade (1c)
αἴθοψ (αἰθοπ-) sparkling
*ἄκρος α ον top
*ἀλκή, ἡ courage (1a)
ἀμύνω defend (+dat.)
*ἀνίημι (ἀνε(ι)-) encourage
ἄνιπτος ον unwashed
*ἄνωγα (perf.) ordered
ἀολλίζω gather together
ἀπογυιόω enfeeble x (acc.) in
   y (gen.)
αὐλή, ἡ hall (1a)
γαμβρός, ὁ son-in-law (2a)
*γεραιός ά όν old
*δαμάζω build (perf. part.
   pass. δεδμημένος η ον)
δυσώνυμος ον accursed
εἶδος, τό looks, form (3c)
*εἰλήλουθα = ἐλήλυθα
*ἔ(ι)ρομαι ask about
ἐν … φύομαι χειρί cling by
   the hand to (+dat.)

*ἐναντίος α ον opposite, facing
ἔνδοθεν inside (+gen.)
ἐνείκω = ἐνέγκω
ἐξείης in turn
*ἐξονομάζω call aloud
*ἔσαν = ἦσαν
*ἔστι it is possible
ἑτέρωθεν on the other side
*ἔτης, ὁ kinsman (1d)
*εὐχετάασθαι = εὔχεσθαι
ἐφάπτομαι hang over
*ἤλυθε = ἦλθε
ἠπιόδωρος ον bountiful
θάλαμος, ὁ bed-chamber (2a)
*θρασύς εῖα ύ bold
θύος, τό burnt sacrifice (3c)
*κάμνω (καμ-,
   κεκμηκ-) work, toil, be
   weary
*κασίγνητος, ὁ brother (2a)
κελαινεφής ές dark-clouded
*κήδεα, τά sorrows, grief (3c)
*κοιμάομαι sleep
*κορυθαίολος ον
   shining-helmeted
*Κρονίων (Κρονίων-), ὁ son of
   Kronos, i.e. Zeus (3a)
Λαοδίκη, ἡ Laodike (daughter
   of Priam) (1a)

λείβω pour
λύθρον, τό gore (2b)
*μάρναμαι fight, battle
μελιηδής ές honey-sweet
μελίφρων (μελιφρον-) sweet,
   delicious
*μή = ἵνα μή
μνηστός ή όν wedded
*νηός, ὁ temple (2a)
*ξεστός ή όν smooth
*οἶνος, ὁ wine (2a)
ὀνίνημαι (ὀνησ-) gain benefit
*ὄφρα κε until
παλάσσω spatter, defile
περικαλλής ές very fine
πῃ in any way
πόλιος = πόλεως
*πόσις, ὁ husband (3e) (acc. pl.
   πόσιας)
*πότνια, ἡ lady, mistress
τέγεος ον roofed, or near the
   roof
τείρω exhaust, wear out
*τεύχω (τευξ-, τετυκ-) build,
   prepare; (pass. can=) be
   made, be
τύνη = σύ
*υἷες = υἱοί
φηγός, ἡ oak-tree (2a)

πέπλον δ', ὅς τίς τοι χαριέστατος ἠδὲ μέγιστος   550
ἔστιν ἐνὶ μεγάρῳ καί τοι πολὺ φίλτατος αὐτῇ,
τὸν θὲς Ἀθηναίης ἐπὶ γούνασιν ἠϋκόμοιο,
καί οἱ ὑποσχέσθαι δυοκαίδεκα βοῦς ἐνὶ νηῷ
ἤνις ἠκέστας ἱερευσέμεν, αἴ κ' ἐλεήσῃ
ἄστυ τε καὶ Τρώων ἀλόχους καὶ νήπια τέκνα,   555
αἴ κεν Τυδέος υἱὸν ἀπόσχῃ Ἰλίου ἱρῆς,
ἄγριον αἰχμητήν, κρατερὸν μήστωρα φόβοιο.
ἀλλὰ σὺ μὲν πρὸς νηὸν Ἀθηναίης ἀγελείης
ἔρχευ, ἐγὼ δὲ Πάριν μετελεύσομαι, ὄφρα καλέσσω,
αἴ κ' ἐθέλησ' εἰπόντος ἀκουέμεν· ὡς κέ οἱ αὖθι   560
γαῖα χάνοι· μέγα γάρ μιν Ὀλύμπιος ἔτρεφε πῆμα
Τρωσί τε καὶ Πριάμῳ μεγαλήτορι τοῖό τε παισίν.
εἰ κεῖνόν γε ἴδοιμι κατελθόντ' Ἄϊδος εἴσω,
φαίην κε φρέν' ἀτέρπου ὀϊζύος ἐκλελαθέσθαι.'

19 The women gather to pray. (286–311)

ὡς ἔφαθ', ἡ δὲ μολοῦσα ποτὶ μέγαρ' ἀμφιπόλοισι   565
κέκλετο· ταὶ δ' ἄρ' ἀόλλισσαν κατὰ ἄστυ γεραιάς.
αὐτὴ δ' ἐς θάλαμον κατεβήσετο κηώεντα,
ἔνθ' ἔσαν οἱ πέπλοι παμποίκιλα ἔργα γυναικῶν
Σιδονίων, τὰς αὐτὸς Ἀλέξανδρος θεοειδὴς
ἤγαγε Σιδονίηθεν, ἐπιπλὼς εὐρέα πόντον,   570
τὴν ὁδὸν ἣν Ἑλένην περ ἀνήγαγεν εὐπατέρειαν·
τῶν ἕν' ἀειραμένη Ἑκάβη φέρε δῶρον Ἀθήνῃ,
ὃς κάλλιστος ἔην ποικίλμασιν ἠδὲ μέγιστος,
ἀστὴρ δ' ὡς ἀπέλαμπεν· ἔκειτο δὲ νείατος ἄλλων.
βῆ δ' ἰέναι, πολλαὶ δὲ μετεσσεύοντο γεραιαί.   575
αἱ δ' ὅτε νηὸν ἵκανον Ἀθήνης ἐν πόλει ἄκρῃ,
τῇσι θύρας ὤϊξε Θεανὼ καλλιπάρῃος,
Κισσηΐς, ἄλοχος Ἀντήνορος ἱπποδάμοιο·
τὴν γὰρ Τρῶες ἔθηκαν Ἀθηναίης ἱέρειαν.
αἱ δ' ὀλολυγῇ πᾶσαι Ἀθήνῃ χεῖρας ἀνέσχον·   580
ἡ δ' ἄρα πέπλον ἑλοῦσα Θεανὼ καλλιπάρῃος
θῆκεν Ἀθηναίης ἐπὶ γούνασιν ἠϋκόμοιο,
εὐχομένη δ' ἠρᾶτο Διὸς κούρῃ μεγάλοιο·
'πότνι' Ἀθηναίη, ῥυσίπτολι, δῖα θεάων,
ἆξον δὴ ἔγχος Διομήδεος, ἠδὲ καὶ αὐτὸν   585

ἄγνυμι (ἀξ-) break

ἄγριος α ον wild, fierce

αἰχμητής, ὁ spearman (1d)

*Ἀλέξανδρος, ὁ Paris (2a)

Ἀντήνωρ, ὁ Antenor (a son of Priam) (3a)

ἀολλίζω gather together

ἀράομαι pray

ἀτερπής ές joyless

αὖθι at once

*βλώσκω (μολ-, μεμβλωκ-) go

*βοῦς (βο-), ὁ/ἡ ox, bull, cow

*Διομήδης, ὁ Diomedes (great Greek warrior) (3d)

*δυοκαίδεκα twelve

*ἔγχος, τό weapon, spear (3c)

*ἐκλανθάνομαι forget utterly (ἐκλελαθέσθαι = redupl. aor. inf.)

*ἐπιπλώς = aor. part. of ἐπιπλέω

ἔρχευ = ἔρχου

εὐπατέρεια, ἡ daughter of a noble father (1b)

ἤκεστος η ον unbroken

ἦνις yearling

*ἠΰκομος ον lovely-haired

Θεανώ, ἡ Theano (priestess of Athene)

*θεοειδής ές god-like

*ἱερεύω sacrifice

*ἱππόδαμος ον tamer of horses

ἱρός = ἱερός

καλλιπάρῃος ον fair-cheeked

*κέλομαι give orders (κέκλετο = redupl. aor.)

κηώεις εσσα εν fragrant

Κισσηΐς, ἡ daughter of Kisseus (king of Thrace)

*κρατερός, ά όν strong

μήστωρ (μηστωρ-), ὁ adviser (3a)

μολοῦσα: see βλώσκω

νείατος η ον at the bottom of

*νήπιος α ον innocent, child-like

*οἴγω open

ὀϊζύς, ἡ anguish (3h)

ὀλολυγή, ἡ ritual cry (1a)

*Ὀλύμπιος, ὁ the Olympian i.e. Zeus (2a)

παμποίκιλος ον elaborate

*Πάρις, ὁ Paris

*πέπλος, ὁ robe (2a)

πῆμα, τό source of grief (3b)

ποίκιλμα, τό embroidery (3b)

*ποτί = πρός

ῥυσίπτολις, ὁ/ἡ defender of the city (3e)

Σιδόνιθεν from Sidon

Σιδόνιος α ον from Sidon (chief town of Phoenicia, modern Lebanon)

τοῖο = τοῦ his

Τυδεύς, ὁ Tydeus (father of Diomedes) (3g)

χαρίεις εσσα εν beautiful, elegant

χάσκω (χαν-) yawn (i.e. 'swallow him up')

ὥς κε would that!

Hekabe and servants take the πέπλος to Athene

πρηνέα δὸς πεσέειν Σκαιῶν προπάροιθε πυλάων,
ὄφρα τοι αὐτίκα νῦν δυοκαίδεκα βοῦς ἐνὶ νηῷ
ἤνις ἠκέστας ἱερεύσομεν, αἴ κ' ἐλεήσῃς
ἄστυ τε καὶ Τρώων ἀλόχους καὶ νήπια τέκνα.'
ὣς ἔφατ' εὐχομένη, ἀνένευε δὲ Παλλὰς Ἀθήνη.   590

20 *Hektor arrives at Paris' (=Alexandros') house and rebukes him for his failure to fight. Paris accepts the rebuke. (312–41)*

ὣς αἱ μέν ῥ' εὔχοντο Διὸς κούρῃ μεγάλοιο,
Ἕκτωρ δὲ πρὸς δώματ' Ἀλεξάνδροιο βεβήκει
καλά, τά ῥ' αὐτὸς ἔτευξε σὺν ἀνδράσιν οἳ τότ' ἄριστοι
ἦσαν ἐνὶ Τροίῃ ἐριβώλακι τέκτονες ἄνδρες,
οἵ οἱ ἐποίησαν θάλαμον καὶ δῶμα καὶ αὐλὴν   595
ἐγγύθι τε Πριάμοιο καὶ Ἕκτορος, ἐν πόλει ἄκρῃ.
ἔνθ' Ἕκτωρ εἰσῆλθε Διῒ φίλος, ἐν δ' ἄρα χειρὶ
ἔγχος ἔχ' ἑνδεκάπηχυ· πάροιθε δὲ λάμπετο δουρὸς
αἰχμὴ χαλκείη, περὶ δὲ χρύσεος θέε πόρκης.
τὸν δ' εὗρ' ἐν θαλάμῳ περικαλλέα τεύχε' ἕποντα,   600
ἀσπίδα καὶ θώρηκα, καὶ ἀγκύλα τόξ' ἀφόωντα·
Ἀργείη δ' Ἑλένη μετ' ἄρα δμῳῇσι γυναιξὶν
ἧστο, καὶ ἀμφιπόλοισι περικλυτὰ ἔργα κέλευε.
τὸν δ' Ἕκτωρ νείκεσσεν ἰδὼν αἰσχροῖς ἐπέεσσι·
'δαιμόνι', οὐ μὲν καλὰ χόλον τόνδ' ἔνθεο θυμῷ.   605
λαοὶ μὲν φθινύθουσι, περὶ πτόλιν αἰπύ τε τεῖχος
μαρνάμενοι· σέο δ' εἵνεκ' ἀϋτή τε πτόλεμός τε
ἄστυ τόδ' ἀμφιδέδηε· σὺ δ' ἂν μαχέσαιο καὶ ἄλλῳ,
ὅν τινά που μεθιέντα ἴδοις στυγεροῦ πολέμοιο.
ἀλλ' ἄνα, μὴ τάχα ἄστυ πυρὸς δηΐοιο θέρηται.'   610
τὸν δ' αὖτε προσέειπεν Ἀλέξανδρος θεοειδής·
'Ἕκτορ, ἐπεί με κατ' αἶσαν ἐνείκεσας οὐδ' ὑπὲρ αἶσαν,
τοὔνεκά τοι ἐρέω· σὺ δὲ σύνθεο καί μευ ἄκουσον·
οὔ τοι ἐγὼ Τρώων τόσσον χόλῳ οὐδὲ νεμέσσι
ἥμην ἐν θαλάμῳ, ἔθελον δ' ἄχεϊ προτραπέσθαι.   615
νῦν δέ με παρειποῦσ' ἄλοχος μαλακοῖς ἐπέεσσιν
ὅρμησ' ἐς πόλεμον· δοκέει δέ μοι ὧδε καὶ αὐτῷ
λώϊον ἔσσεσθαι· νίκη δ' ἐπαμείβεται ἄνδρας.
ἀλλ' ἄγε νῦν ἐπίμεινον, Ἀρήϊα τεύχεα δύω·
ἢ ἴθ', ἐγὼ δὲ μέτειμι· κιχήσεσθαι δέ σ' ὀΐω.'   620

21 Helen, Paris' 'wife', agrees with Hektor's rebuke. Hektor refuses her
hospitality and urges her to hurry Paris along. *(342–68)*

ὣς φάτο, τὸν δ' οὔ τι προσέφη κορυθαίολος Ἕκτωρ·
τὸν δ' Ἑλένη μύθοισι προσηύδα μειλιχίοισι·
'δᾶερ ἐμεῖο κυνὸς κακομηχάνου ὀκρυοέσσης,
ὥς μ' ὄφελ' ἤματι τῷ ὅτε με πρῶτον τέκε μήτηρ
οἴχεσθαι προφέρουσα κακὴ ἀνέμοιο θύελλα   625
εἰς ὄρος ἢ εἰς κῦμα πολυφλοίσβοιο θαλάσσης,
ἔνθα με κῦμ' ἀπόερσε πάρος τάδε ἔργα γενέσθαι.

ἀγκύλος η ον curved
αἰπύς εῖα ύ steep
αἶσα, ἡ fate, what is right (1c)
αἰχμή, ἡ spear-point (1a)
ἀμφιδέδηε flares up around
ἄνα up!
ἀνανεύω refuse
ἀπόερσε swept away
'Ἀρήϊος α ον of Ares, war-like
*αὐλή, ἡ hall, courtyard (1a)
ἀϋτή, ἡ battle-cry (1a)
ἀφάω handle
*ἄχος, τό sorrow, depression
(caused by his losing in single
combat with Menelaos earlier
on)
δαήρ (δαερ-), ὁ
brother-in-law (3a)
*δαιμόνιε one under the
influence of a daimon, so
behaving strangely; tr.
'what is up with you?'
δήϊος α ον destructive
*δμωή, ἡ maidservant (1a)
δύω =subj.
*δῶμα, τό house (3b)
*ἐγγύθι =ἐγγύς
ἔγχος, τό spear (3c)

*Ἑλένη, ἡ Helen (1a)
ἑνδεκάπηχυς 11 cubits long
(i.e. about 16 feet)
ἔνθεο =ἔνθου
ἐπαμείβομαι alternate
between
ἔπω attend to
ἐριβῶλαξ (ἐριβωλακ-) fertile
ἤκεστος η ον unbroken
*ἧμαι be seated (ἥμην =aor.)
ἦνις yearling
θέρομαι burn
θύελλα, ἡ storm (1c)
θώραξ (θωρακ-), ὁ
breast-plate (3a)
κακομήχανος ον
evil-scheming
καλά (adv.) rightly
*κιχάνω (κιχ-, κιχησ-) meet
*κῦμα, τό wave (3b)
λώϊον better
μαλακός ή όν soft
μάρναμαι fight
μεθίημι (μεθε(ι)-) slack,
hang back from (+gen.)
μειλίχιος α ον kind, gentle
μοι ... καὶ αὐτῷ to me myself
too

νεικέ(ι)ω quarrel with
νέμεσις, ἡ bitterness (3e)
*ὀΐω think
ὀκρυόεις εσσα εν chilling
ὁρμάω urge
ὄφελ(λ)ον (ὥς) would that!
(+inf.)
πάρειπον advised
*πάροιθε at the top, in front
*πάρος =πρίν
περικαλλής ές very fine
περικλυτός ή όν renowned
πολύφλοισβος ον loud-roaring
πορκής, ὁ ring (which bound
the point to shaft) (1d)
πρηνής ές head-first
προπάροιθε before (+gen.)
*στυγερός ά όν loathsome
συντίθεμαι (συνθε-) hear
τέκτων (τεκτον-), ὁ
carpenter (3a)
τόν (l. 600) i.e. Paris
τόξον, τό bow
*ὑπέρ beyond (+acc.)
φθινύθω die, perish
χόλος, ὁ anger (2a)

αὐτὰρ ἐπεὶ τάδε γ' ὧδε θεοὶ κακὰ τεκμήραντο,
ἀνδρὸς ἔπειτ' ὤφελλον ἀμείνονος εἶναι ἄκοιτις,
ὃς ἤδη νέμεσίν τε καὶ αἴσχεα πόλλ' ἀνθρώπων.   630
τούτῳ δ' οὔτ' ἄρ νῦν φρένες ἔμπεδοι οὔτ' ἄρ' ὀπίσσω
ἔσσονται· τῶ καί μιν ἐπαυρήσεσθαι ὀΐω.
ἀλλ' ἄγε νῦν εἴσελθε καὶ ἕζεο τῷδ' ἐπὶ δίφρῳ,
δᾶερ, ἐπεί σε μάλιστα πόνος φρένας ἀμφιβέβηκεν
εἵνεκ' ἐμεῖο κυνὸς καὶ Ἀλεξάνδρου ἕνεκ' ἄτης,   635
οἷσιν ἐπὶ Ζεὺς θῆκε κακὸν μόρον, ὡς καὶ ὀπίσσω
ἀνθρώποισι πελώμεθ' ἀοίδιμοι ἐσσομένοισι.'
    τὴν δ' ἠμείβετ' ἔπειτα μέγας κορυθαίολος Ἕκτωρ·
'μή με κάθιζ', Ἑλένη, φιλέουσά περ· οὐδέ με πείσεις·
ἤδη γάρ μοι θυμὸς ἐπέσσυται ὄφρ' ἐπαμύνω   640
Τρώεσσ', οἳ μέγ' ἐμεῖο ποθὴν ἀπεόντος ἔχουσιν.
ἀλλὰ σύ γ' ὄρνυθι τοῦτον, ἐπειγέσθω δὲ καὶ αὐτός,
ὥς κεν ἔμ' ἔντοσθεν πόλιος καταμάρψῃ ἐόντα.
καὶ γὰρ ἐγὼν οἶκόνδε ἐλεύσομαι, ὄφρα ἴδωμαι
οἰκῆας ἄλοχόν τε φίλην καὶ νήπιον υἱόν.   645
οὐ γὰρ οἶδ' εἰ ἔτι σφιν ὑπότροπος ἵξομαι αὖτις,
ἦ ἤδη μ' ὑπὸ χερσὶ θεοὶ δαμόωσιν Ἀχαιῶν.'

22 *Hektor arrives home, but finds neither Andromakhe his wife nor their*
child. A servant tells him they have gone to watch the battle. (369–89)

    ὣς ἄρα φωνήσας ἀπέβη κορυθαίολος Ἕκτωρ·
αἶψα δ' ἔπειθ' ἵκανε δόμους εὖ ναιετάοντας,
οὐδ' εὗρ' Ἀνδρομάχην λευκώλενον ἐν μεγάροισιν,   650
ἀλλ' ἥ γε ξὺν παιδὶ καὶ ἀμφιπόλῳ ἐϋπέπλῳ
πύργῳ ἐφεστήκει γοόωσά τε μυρομένη τε.
Ἕκτωρ δ' ὡς οὐκ ἔνδον ἀμύμονα τέτμεν ἄκοιτιν,
ἔστη ἐπ' οὐδὸν ἰών, μετὰ δὲ δμῳῆσιν ἔειπεν·
'εἰ δ' ἄγε μοι, δμῳαί. νημερτέα μυθήσασθε·   655
πῇ ἔβη Ἀνδρομάχη λευκώλενος ἐκ μεγάροιο;
ἠέ πῃ ἐς γαλόων ἢ εἰνατέρων ἐϋπέπλων,
ἦ ἐς Ἀθηναίης ἐξοίχεται, ἔνθα περ ἄλλαι
Τρῳαὶ ἐϋπλόκαμοι δεινὴν θεὸν ἱλάσκονται;'
    τὸν δ' αὖτ' ὀτρηρὴ ταμίη πρὸς μῦθον ἔειπεν·   660
'Ἕκτορ, ἐπεὶ μάλ' ἄνωγας ἀληθέα μυθήσασθαι,
οὔτε πῃ ἐς γαλόων οὔτ' εἰνατέρων ἐϋπέπλων

οὔτ' ἐς Ἀθηναίης ἐξοίχεται, ἔνθα περ ἄλλαι
Τρῳαὶ ἐϋπλόκαμοι δεινὴν θεὸν ἱλάσκονται,
ἀλλ' ἐπὶ πύργον ἔβη μέγαν Ἰλίου, οὕνεκ' ἄκουσε   665
τείρεσθαι Τρῶας, μέγα δὲ κράτος εἶναι Ἀχαιῶν.
ἡ μὲν δὴ πρὸς τεῖχος ἐπειγομένη ἀφικάνει,
μαινομένῃ ἐϊκυῖα· φέρει δ' ἅμα παῖδα τιθήνη.'

αἶσχος, τό shame, reproach (3c)
αἶψα quickly, at once
*ἄκοιτις (ἀκοιτ-), ἡ wife
*ἀμύμων ον perfect, honourable
*Ἀνδρομάχη, ἡ Andromakhe, wife of Hektor (1a)
ἄνωγα (perf.) ordered
ἀοίδιμος ον famous in song
*ἄρ = ἄρα
ἄτη, ἡ blind act (1a)
*αὖτις = αὖθις
γάλοως, ἡ husband's sister (2a contr.)
*γοάω lament
δίφρος, ὁ chair (2a)
*ἕζομαι sit
*εἰ δ' ἄγε come now
*ἐϊκυῖα = ἐοικυῖα

εἰνάτερες, αἱ brother's wives (3a)
ἔμπεδος ον steadfast, sound
ἔντοσθεν inside (+gen.)
ἐπαμύνω help (+dat.)
ἐπαυρίσκομαι (ἐπαυρ-) reap the consequences
*ἐπείγομαι hurry
ἐπέσσυται (perf.) is eager
*εὔπεπλος ον fair-robed
ἱλάσκομαι conciliate
καταμάρπτω catch, overtake
*κράτος, τό strength, power (3c)
*λευκώλενος ον white-armed
μαίνομαι be mad
*μόρος, ὁ destiny (2a)
*μυθέομαι tell
μύρομαι be in tears
ναιετάω be established

νέμεσις, ἡ disapproval (3e)
νημερτής ές true
οἰκεύς, ὁ member of household (3g)
*ὀπίσσω in the future
ὄρνυμι arouse
ὀτρηρός ή όν swift, busy
οὐδός, ὁ threshold (2a)
*πέλομαι be
*πῃ somewhere
*πῆ; where?
ποθή, ἡ desire for (+gen.) (1a)
πόνος, ὁ labour, work (2a)
*πύργος, ὁ tower (2a)
ταμίη, ἡ housekeeper (1a)
τείρω weaken, wear out
τέτμε(ν) he met, found
τιθήνη, ἡ nurse (1a)
τῶ for this reason
ὑπότροπος ον returning, back

Aphrodite and Πειθώ (Persuasion) send Helen away with Paris

23 *Hektor retraces his steps and finds Andromakhe with their son,*
Astyanax. Andromakhe pleads with him to stay within the walls and
not return to the battle. (390–439)

ἦ ῥα γυνὴ ταμίη, ὁ δ' ἀπέσσυτο δώματος Ἕκτωρ
τὴν αὐτὴν ὁδὸν αὖτις ἐϋκτιμένας κατ' ἀγυιάς.   670
εὖτε πύλας⌐ ἵκανε διερχόμενος μέγα ἄστυ
Σκαιάς, τῇ ἄρ' ἔμελλε διεξίμεναι πεδίονδε,
ἔνθ' ἄλοχος πολύδωρος ἐναντίη ἦλθε θέουσα
Ἀνδρομάχη, θυγάτηρ μεγαλήτορος Ἠετίωνος,
Ἠετίων, ὃς ἔναιεν ὑπὸ Πλάκῳ ὑληέσσῃ,   675
Θήβῃ Ὑποπλακίῃ, Κιλίκεσσ' ἄνδρεσσιν ἀνάσσων·
τοῦ περ δὴ θυγάτηρ ἔχεθ' Ἕκτορι χαλκοκορυστῇ.
ἥ οἱ ἔπειτ' ἤντησ', ἅμα δ' ἀμφίπολος κίεν αὐτῇ
παῖδ' ἐπὶ κόλπῳ ἔχουσ' ἀταλάφρονα, νήπιον αὔτως,
Ἑκτορίδην ἀγαπητόν, ἀλίγκιον ἀστέρι καλῷ,   680
τόν ῥ' Ἕκτωρ καλέεσκε Σκαμάνδριον, αὐτὰρ οἱ ἄλλοι
Ἀστυάνακτ'· οἶος γὰρ ἐρύετο Ἴλιον Ἕκτωρ.
ἤτοι ὁ μὲν μείδησεν, ἰδὼν ἐς παῖδα, σιωπῇ·
Ἀνδρομάχη δέ οἱ ἄγχι παρίστατο δάκρυ χέουσα,
ἔν τ' ἄρα οἱ φῦ χειρὶ ἔπος τ' ἔφατ' ἔκ τ' ὀνόμαζε·   685
'δαιμόνιε, φθίσει σε τὸ σὸν μένος, οὐδ' ἐλεαίρεις
παῖδά τε νηπίαχον καὶ ἔμ' ἄμμορον, ἣ τάχα χήρη
σεῦ ἔσομαι· τάχα γάρ σε κατακτανέουσιν Ἀχαιοὶ
πάντες ἐφορμηθέντες· ἐμοὶ δέ κε κέρδιον εἴη
σεῦ ἀφαμαρτούσῃ χθόνα δύμεναι· οὐ γὰρ ἔτ' ἄλλη   690
ἔσται θαλπωρή, ἐπεὶ ἂν σύ γε πότμον ἐπίσπῃς,
ἀλλ' ἄχε'· οὐδέ μοι ἔστι πατὴρ καὶ πότνια μήτηρ.
ἤτοι γὰρ πατέρ' ἀμὸν ἀπέκτανε δῖος Ἀχιλλεύς,
ἐκ δὲ πόλιν πέρσεν Κιλίκων εὖ ναιετάουσαν,
Θήβην ὑψίπυλον· κατὰ δ' ἔκτανεν Ἠετίωνα,   695
οὐδέ μιν ἐξενάριξε, σεβάσσατο γὰρ τό γε θυμῷ,
ἀλλ' ἄρα μιν κατέκηε σὺν ἔντεσι δαιδαλέοισιν
ἠδ' ἐπὶ σῆμ' ἔχεεν· περὶ δὲ πτελέας ἐφύτευσαν
νύμφαι ὀρεστιάδες, κοῦραι Διὸς αἰγιόχοιο.
οἳ δέ μοι ἑπτὰ κασίγνητοι ἔσαν ἐν μεγάροισιν,   700
οἱ μὲν πάντες ἰῷ κίον ἤματι Ἄϊδος εἴσω·
πάντας γὰρ κατέπεφνε ποδάρκης δῖος Ἀχιλλεὺς
βουσὶν ἐπ' εἰλιπόδεσσι καὶ ἀργεννῇς ὀίεσσι.
μητέρα δ', ἣ βασίλευεν ὑπὸ Πλάκῳ ὑληέσσῃ,

ἀγαπητός ἡ όν only beloved
ἄγυια, ἡ street (1b)
*ἄγχι nearby
αἰγίοχος ον aegis-bearing
ἀλίγκιος α ον like (+dat.)
*ἄμμορος ον luckless
*ἀνάσσω rule (+dat.)
ἀντάω meet (+dat.)
ἀργεννός ἡ όν white
'Αστυάναξ ('Αστυανακτ-), ὁ
    Astyanax (3a)
ἀταλάφρων ον tender
ἄχε'=ἄχεα (from ἄχος)
δαιδάλεος α ον elaborate
διεξίμεναι=διεξιέναι
εἰλίπους ουν
    (εἰλιποδ-) shambling,
    rolling
ἐκ... πέρθω (περσ-) destroy
    utterly
ἐλεαίρω pity
*ἐν... φύομαι χειρί clasp by
    the hand
*ἐναντίος η ον face to face
ἔντεα, τά war-gear (3c)
ἐξεναρίζω strip of armour

ἐπί+dat. in charge of
(ἐ)ρύομαι protect
ἐϋκτίμενος well-built
εὖτε when
ἐφέπω (ἐπισπ-) meet, come
    up
ἔχομαι=be married to
'Ηετίων ('Ηετιων-), ὁ Eetion
    (3a)
ἤτοι then
θαλπωρή, ἡ consolation,
    comfort (1a)
Θήβη, ἡ Thebe (1a)
ἴος α ον one
*κατακαίω cremate
    (αορ.=κατέκηα)
κατέπεφνον (αορ.) killed
Κίλικες, οἱ Kilikians (3a)
*κίω come
*κόλπος, ὁ breast, bosom (2a)
μειδάω smile
ναιετάω be established
*ναίω dwell
νηπίαχος ον youthful, baby
*νύμφη, ἡ nymph (1a)
ὄϊς (οἰ-), ὁ/ἡ sheep

ὀρεστιάς (ὀρεστιαδ-) of the
    mountain
Πλάκος, ἡ Plakos (2a)
ποδάρκης ες swift-footed
πολύδωρος ον bountiful
πότμος, ὁ fate (2a)
πτελέη, ἡ elm-tree (1a)
σεβάζομαι be afraid of
*σῆμα, τό mound, tomb (3b)
Σκαμάνδριος, ὁ Skamandrios
    (2a)
ταμίη, ἡ housekeeper (1a)
(τ)ῇ where
ὑλήεις εσσα εν wooded
'Υποπλάκιος η ον under
    Plakos
ὑψίπυλος ον high-gated
*φθίνω destroy
φυτεύω plant
χαλκοκορυστής bronze-
    helmeted
*χέω drop, pour
χήρη deprived of, widowed
    (+gen.)
*χθών (χθον-), ἡ earth (3a)

Mother and child

τὴν ἐπεὶ ἄρ δεῦρ' ἤγαγ' ἄμ' ἄλλοισι κτεάτεσσιν,   705
ἄψ ὅ γε τὴν ἀπέλυσε λαβὼν ἀπερείσι' ἄποινα,
πατρὸς δ' ἐν μεγάροισι βάλ' Ἄρτεμις ἰοχέαιρα.
Ἕκτορ, ἀτὰρ σύ μοί ἐσσι πατὴρ καὶ πότνια μήτηρ
ἠδὲ κασίγνητος, σὺ δέ μοι θαλερὸς παρακοίτης·
ἀλλ' ἄγε νῦν ἐλέαιρε καὶ αὐτοῦ μίμν' ἐπὶ πύργῳ,   710
μὴ παῖδ' ὀρφανικὸν θήῃς χήρην τε γυναῖκα·
λαὸν δὲ στῆσον παρ' ἐρινεόν, ἔνθα μάλιστα
ἀμβατός ἐστι πόλις καὶ ἐπίδρομον ἔπλετο τεῖχος.
τρὶς γὰρ τῇ γ' ἐλθόντες ἐπειρήσανθ' οἱ ἄριστοι
ἀμφ' Αἴαντε δύω καὶ ἀγακλυτὸν Ἰδομενῆα   715
ἠδ' ἀμφ' Ἀτρεΐδας καὶ Τυδέος ἄλκιμον υἱόν·
ἤ πού τίς σφιν ἔνισπε θεοπροπίων ἐῢ εἰδώς,
ἤ νυ καὶ αὐτῶν θυμὸς ἐποτρύνει καὶ ἀνώγει.'

24   Hektor explains why he must return. (440–65)

τὴν δ' αὖτε προσέειπε μέγας κορυθαίολος Ἕκτωρ
'ἦ καὶ ἐμοὶ τάδε πάντα μέλει, γύναι· ἀλλὰ μάλ' αἰνῶς   720
αἰδέομαι Τρῶας καὶ Τρῳάδας ἑλκεσιπέπλους,
αἴ κε κακὸς ὣς νόσφιν ἀλυσκάζω πολέμοιο·
οὐδέ με θυμὸς ἄνωγεν, ἐπεὶ μάθον ἔμμεναι ἐσθλὸς
αἰεὶ καὶ πρώτοισι μετὰ Τρώεσσι μάχεσθαι,
ἀρνύμενος πατρός τε μέγα κλέος ἠδ' ἐμὸν αὐτοῦ.   725
εὖ γὰρ ἐγὼ τόδε οἶδα κατὰ φρένα καὶ κατὰ θυμόν.
ἔσσεται ἦμαρ ὅτ' ἄν ποτ' ὀλώλῃ Ἴλιος ἱρὴ
καὶ Πρίαμος καὶ λαὸς ἐϋμμελίω Πριάμοιο.
ἀλλ' οὔ μοι Τρώων τόσσον μέλει ἄλγος ὀπίσσω,
οὔτ' αὐτῆς Ἑκάβης οὔτε Πριάμοιο ἄνακτος   730
οὔτε κασιγνήτων, οἵ κεν πολέες τε καὶ ἐσθλοὶ
ἐν κονίῃσι πέσοιεν ὑπ' ἀνδράσι δυσμενέεσσιν,
ὅσσον σεῦ, ὅτε κέν τις Ἀχαιῶν χαλκοχιτώνων
δακρυόεσσαν ἄγηται, ἐλεύθερον ἦμαρ ἀπούρας·
καί κεν ἐν Ἄργει ἐοῦσα πρὸς ἄλλης ἱστὸν ὑφαίνοις,   735
καί κεν ὕδωρ φορέοις Μεσσηΐδος ἢ Ὑπερείης
πόλλ' ἀεκαζομένη, κρατερὴ δ' ἐπικείσετ' ἀνάγκη·
καί ποτέ τις εἴπῃσιν ἰδὼν κατὰ δάκρυ χέουσαν·
"Ἕκτορος ἥδε γυνή, ὃς ἀριστεύεσκε μάχεσθαι
Τρώων ἱπποδάμων, ὅτε Ἴλιον ἀμφιμάχοντο."   740

ὥς ποτέ τις ἐρέει· σοὶ δ' αὖ νέον ἔσσεται ἄλγος
χήτεϊ τοιοῦδ' ἀνδρὸς ἀμύνειν δούλιον ἦμαρ.
ἀλλά με τεθνηῶτα χυτὴ κατὰ γαῖα καλύπτοι,
πρίν γέ τι σῆς τε βοῆς σοῦ θ' ἑλκηθμοῖο πυθέσθαι.'

25 Hektor prays over Astyanax and tries to comfort Andromakhe. They part. (466–502)

ὣς εἰπὼν οὗ παιδὸς ὀρέξατο φαίδιμος Ἕκτωρ·   745
ἂψ δ' ὁ πάϊς πρὸς κόλπον ἐϋζώνοιο τιθήνης
ἐκλίνθη ἰάχων, πατρὸς φίλου ὄψιν ἀτυχθείς,
ταρβήσας χαλκόν τε ἰδὲ λόφον ἱππιοχαίτην,
δεινὸν ἀπ' ἀκροτάτης κόρυθος νεύοντα νοήσας.

ἀγακλυτός όν renowned
ἀεκαζόμενος η ον unwillingly
*αἰ=εἰ
Αἴαντε δύω i.e. the Aias
  (Ajax) brothers (great Greek
  warriors)
*ἄλγος, τό pain, grief (3c)
ἄλκιμος η ον courageous
ἀλυσκάζω shun, slink off
ἀμβατός όν open to attack
*ἀμύνω keep off
ἀπειρέσιος α ον boundless
ἄποινα, τά ransom (2b)
ἀπούρας wresting away
  (ἀπαυράω)
Ἄργος, τό Argos, Greece
  (3c)
ἀριστεύω be best at (+inf.)
ἄρνυμαι win
Ἀτρεῖδαι sons of Atreus (i.e.
  Agamemnon and Menelaos)
ἀτύζομαι be terrified
*ἂψ back again
βάλλω strike, i.e. kill
*δακρυόεις εσσα εν weeping
δούλιος α ον of slavery
*δυσμενής ές hostile
ἑλκεσίπεπλος ον with trailing
  robes

ἑλκηθμός, ὁ seizure (2a)
ἐνέπω (ἐνισπ-) speak, tell
ἐπίδρομος ον scaleable,
  assailable
ἐπίκειμαι lie upon, press on
*ἐποτρύνω urge on, encourage
ἐρινεός, ὁ fig-tree (2a)
ἐΰζωνος ον well-girdled
ἐϋμμελίης of good ash spear
  (=1d)
θαλερός ά όν young, sturdy
θεοπρόπιον, τό prophecy (2b)
θήης = aor. subj. of τίθημι
ἰάχω scream
*ἰδέ and
Ἰδομενεύς, ὁ Idomeneus (a
  formidable Greek) (3g)
ἰοχέαιρα delighting in arrows
ἱππιοχαίτης of horse-hair
  (=1d)
*ἱρή=ἱερή
*ἱστός, ὁ loom (2a)
*κατακαλύπτω cover over
*κλέος, τό honour, glory (3c)
*κονίη, ἡ dust (1a)
·.όρυς (κορυθ-), ἡ helmet (3a)
κρατερός ή όν hard, strong
κτέαρ (κτεατ-), τό possession
  (3b)

λόφος, ὁ crest (2a)
Μεσσηΐς (Μεσσηιδ-),
  ἡ Messeian spring (3a)
μίμνω remain, wait
νεύω nod
νόσφιν afar off, away from
  (+gen.)
ὀρφανικός ή όν widowed
παρακοίτης, ὁ husband (1d)
πολέες=πολλοί
ταρβέω fear
τιθήνη, ἡ nurse (1a)
τρίς three times
Τρῳάς (Τρῳαδ-), ἡ Trojan
  woman (3a)
Τυδέος υἱόν son of Tydeus
  (i.e. Diomedes)
Ὑπερείη, ἡ Hyperian spring
  (1a)
*ὑφαίνω weave at
*φαίδιμος η ον glorious
φορέω carry
χαλκοχίτων bronze-
  armoured (=3a)
χήτος, τό need, want, lack
  (3c)
χυτός ή όν piled

ἐκ δὲ γέλασσε πατήρ τε φίλος καὶ πότνια μήτηρ·   750
αὐτίκ' ἀπὸ κρατὸς κόρυθ' εἵλετο φαίδιμος Ἕκτωρ,
καὶ τὴν μὲν κατέθηκεν ἐπὶ χθονὶ παμφανόωσαν·
αὐτὰρ ὅ γ' ὃν φίλον υἱὸν ἐπεὶ κύσε πῆλέ τε χερσίν,
εἶπε δ' ἐπευξάμενος Διί τ' ἄλλοισίν τε θεοῖσι·
'Ζεῦ ἄλλοι τε θεοί, δότε δὴ καὶ τόνδε γενέσθαι   755
παῖδ' ἐμόν, ὡς καὶ ἐγώ περ, ἀριπρεπέα Τρώεσσιν,
ὧδε βίην τ' ἀγαθόν, καὶ Ἰλίου ἶφι ἀνάσσειν·
καί ποτέ τις εἴποι "πατρός γ' ὅδε πολλὸν ἀμείνων"
ἐκ πολέμου ἀνιόντα· φέροι δ' ἔναρα βροτόεντα
κτείνας δήϊον ἄνδρα, χαρείη δὲ φρένα μήτηρ.'   760
    ὣς εἰπὼν ἀλόχοιο φίλης ἐν χερσὶν ἔθηκε
παῖδ' ἑόν· ἡ δ' ἄρα μιν κηώδεϊ δέξατο κόλπῳ
δακρυόεν γελάσασα· πόσις δ' ἐλέησε νοήσας,
χειρί τέ μιν κατέρεξεν ἔπος τ' ἔφατ' ἔκ τ' ὀνόμαζε·
'δαιμονίη, μή μοί τι λίην ἀκαχίζεο θυμῷ·   765
οὐ γάρ τίς μ' ὑπὲρ αἶσαν ἀνὴρ Ἄϊδι προϊάψει·
μοῖραν δ' οὔ τινά φημι πεφυγμένον ἔμμεναι ἀνδρῶν,
οὐ κακόν, οὐδὲ μὲν ἐσθλόν, ἐπὴν τὰ πρῶτα γένηται.
ἀλλ' εἰς οἶκον ἰοῦσα, τὰ σ' αὐτῆς ἔργα κόμιζε,
ἱστόν τ' ἠλακάτην τε, καὶ ἀμφιπόλοισι κέλευε   770
ἔργον ἐποίχεσθαι· πόλεμος δ' ἄνδρεσσι μελήσει
πᾶσι, μάλιστα δ' ἐμοί, τοὶ Ἰλίῳ ἐγγεγάασιν.'
    ὣς ἄρα φωνήσας κόρυθ' εἵλετο φαίδιμος Ἕκτωρ
ἵππουριν· ἄλοχος δὲ φίλη οἶκόνδε βεβήκει
ἐντροπαλιζομένη, θαλερὸν κατὰ δάκρυ χέουσα.   775
αἶψα δ' ἔπειθ' ἵκανε δόμους εὖ ναιετάοντας
Ἕκτορος ἀνδροφόνοιο, κιχήσατο δ' ἔνδοθι πολλὰς
ἀμφιπόλους, τῇσιν δὲ γόον πάσῃσιν ἐνῶρσεν.
αἱ μὲν ἔτι ζωὸν γόον Ἕκτορα ᾧ ἐνὶ οἴκῳ·
οὐ γάρ μιν ἔτ' ἔφαντο ὑπότροπον ἐκ πολέμοιο   780
ἵξεσθαι, προφυγόντα μένος καὶ χεῖρας Ἀχαιῶν.

26 Hektor now meets Paris, ready for battle, and the two march off.
(503–29)

    οὐδὲ Πάρις δήθυνεν ἐν ὑψηλοῖσι δόμοισιν,
ἀλλ' ὅ γ', ἐπεὶ κατέδυ κλυτὰ τεύχεα, ποικίλα χαλκῷ,
σεύατ' ἔπειτ' ἀνὰ ἄστυ, ποσὶ κραιπνοῖσι πεποιθώς.

*αἶσα, ἡ fate (1c)
αἶψα quickly
ἀκαχίζω grieve
ἀνδρόφονος ον man-slaying, killer
ἀριπρεπής ές pre-eminent
βροτόεις εσσα εν bloody
γόον (l. 779) they lamented
*γόος, ὁ lamentation (l. 778) (2a)
δακρυόεν through tears
δηθύνω delay
δήϊος α ον hostile
ἐγγεγάασιν have been born in (perf. of ἐγγίγνομαι)
ἔναρα τά spoils (2b)

ἔνδοθι inside
ἐνόρνυμι (ἐνορσ-) arouse
ἐντροπαλίζομαι turn back repeatedly
*ἐόν = ὄν
ἐπήν = ἐπεὶ ἄν
*ζωός ή όν alive
ἠλακάτη, ἡ distaff (1a)
θαλερός ά όν abundant
ἵππουρις with horse-hair crest
ἶφι by force, strongly
καταρρέζω stroke, caress
κηώδης ες fragrant
*κλυτός ή όν glorious
*κομίζω take up
κραιπνός ή όν swift

κυνέω (κυσ-) kiss
λίην so much, too much
μέν (l. 768) = μήν indeed
ναιετάω be founded
πάλλω (πηλ-) dandle
παμφανοών ωσα radiant
*πεποιθώς trusting in (+dat.)
πεφυγμένον ἔμμεναι is free from
ποικίλος η ον elaborate
πολλόν = πολύ
προϊάπτω hurl down
τὰ πρῶτα once
ὑπότροπος ον returning, back
*ὑψηλός ή όν high

Andromakhe assists Hektor with an offering to the gods before battle

ὡς δ' ὅτε τις στατὸς ἵππος, ἀκοστήσας ἐπὶ φάτνῃ,   785
δεσμὸν ἀπορρήξας θείῃ πεδίοιο κροαίνων,
εἰωθὼς λούεσθαι ἐϋρρεῖος ποταμοῖο,
κυδιόων· ὑψοῦ δὲ κάρη ἔχει, ἀμφὶ δὲ χαῖται
ὤμοις ἀΐσσονται· ὁ δ' ἀγλαΐηφι πεποιθώς,
ῥίμφα ἑ γοῦνα φέρει μετά τ' ἤθεα καὶ νομὸν ἵππων·   790
ὣς υἱὸς Πριάμοιο Πάρις κατὰ Περγάμου ἄκρης
τεύχεσι παμφαίνων ὥς τ' ἠλέκτωρ ἐβεβήκει
καγχαλόων, ταχέες δὲ πόδες φέρον· αἶψα δ' ἔπειτα
Ἕκτορα δῖον ἔτετμεν ἀδελφεόν, εὖτ' ἄρ' ἔμελλε
στρέψεσθ' ἐκ χώρης ὅθι ᾗ ὀάριζε γυναικί.   795
τὸν πρότερος προσέειπεν Ἀλέξανδρος θεοειδής·
'ἠθεῖ', ἦ μάλα δή σε καὶ ἐσσύμενον κατερύκω
δηθύνων, οὐδ' ἦλθον ἐναίσιμον, ὡς ἐκέλευες;'
    τὸν δ' ἀπαμειβόμενος προσέφη κορυθαίολος Ἕκτωρ·
'δαιμόνι', οὐκ ἄν τίς τοι ἀνήρ, ὃς ἐναίσιμος εἴη,   800
ἔργον ἀτιμήσειε μάχης, ἐπεὶ ἄλκιμός ἐσσι·
ἀλλὰ ἑκὼν μεθιεῖς τε καὶ οὐκ ἐθέλεις· τὸ δ' ἐμὸν κῆρ
ἄχνυται ἐν θυμῷ, ὅθ' ὑπὲρ σέθεν αἴσχε' ἀκούω
πρὸς Τρώων, οἳ ἔχουσι πολὺν πόνον εἵνεκα σεῖο.
ἀλλ' ἴομεν· τὰ δ' ὄπισθεν ἀρεσσόμεθ', αἴ κέ ποθι Ζεὺς   805
δώῃ ἐπουρανίοισι θεοῖς αἰειγενέτῃσι
κρητῆρα στήσασθαι ἐλεύθερον ἐν μεγάροισιν,
ἐκ Τροίης ἐλάσαντας ἐϋκνήμιδας Ἀχαιούς.'

ἀγλαΐη, ἡ splendour (1a)
αἰειγενέτης, ὁ immortal (1d)
ἀΐσσομαι be tossed
*αἶσχος, τό reproach (3c)
αἶψα quickly
ἀκοστήσας well-fed (aor.
   part.)
ἄλκιμος η ον courageous
ἀπορρήγνυμι
   (ἀπορρηξ-) break off
ἀρέσκομαι (ἀρεσ(σ)-) set
   right, make amends for
ἄχνυμαι grieve at
δεσμός, ὁ rope (2a)
εἰωθώς υἷα ός accustomed
ἑκών willingly
*ἐλαύνω (ἐλασ-) drive out
ἐναίσιμον on time

ἐπουράνιος ον heavenly
ἔτετμε(ν) he met, found
*ἐϋκνήμις
   (ἐϋκνημιδ-) well-greaved
ἐϋρρεής ές sweet-running
εὖτε when
ἤθεα, τά haunts (3c)
ἠθεῖος α ον trusted, honoured
ἠλέκτωρ, ὁ beaming sun (3a)
ἴομεν = ἴωμεν
καγχαλάω laugh aloud
κατερύκω detain
*κῆρ (κηρ-), τό heart
*κρατήρ (κρατηρ-), ὁ
   wine-bowl (3a)
κροαίνω gallop
κυδιάω triumph, be proud
μεθίημι (μεθ(ι)ε-) hang back

νόμος, ὁ pasture (2a)
ὀαρίζω talk with (+dat.)
ὄπισθεν later
παμφαίνω shine brightly
Πέργαμος, ἡ Troy (2a)
*πόνος, ὁ toil, labour (2a)
ῥίμφα swiftly
σέθεν = σου
στατός ή όν stabled, standing
στρέφομαι turn back
τά δ' (l. 805) = Hektor's words
   against Paris
τὸ δ' (l. 802) = obj. of ἄχνυται
ὑψοῦ high
φάτνη, ἡ manger (1a)
χαίτη, ἡ flowing hair, mane
   (1a)

Persepolis, a royal residence

HERODOTUS

The opening words of the *Histories:*

Ἡροδότου Ἁλικαρνησσέος ἱστορίης ἀπόδεξις ἥδε, ὡς μήτε
τὰ γενόμενα ἐξ ἀνθρώπων τῷ χρόνῳ ἐξίτηλα γένηται, μήτε
ἔργα μεγάλα τε καὶ θωμαστά, τὰ μὲν Ἕλλησι, τὰ δὲ
βαρβάροισι ἀποδεχθέντα, ἀκλεᾶ γένηται, τά τε ἄλλα καὶ δι' ἣν
αἰτίην ἐπολέμησαν ἀλλήλοισι.

'*Notice of publication*
"Researches", by Herodotus of Halikarnassos.
The author writes: "My intention in this book has been to ensure that
the passage of time will not obscure men's actions and that the
astonishing and magnificent achievements both of Greeks and barbar-
ians are recorded. I have paid particular attention to the reasons which
brought the Greeks and Persians into conflict." '
Histories 1.1

This Selection
Introductory passages: Persian customs (*Histories* 1.131–40 (*pass.*)) page 56
                          Xerxes at Abydos (*Histories* 7.44–53) page 62
Target passage: The battle of Thermopylai (*Histories* 7.56–238 (*pass.*)) page 72

Herodotus, the historian
Herodotus (Ἡρόδοτος) came from Halikarnassos on the coast of Asia Minor,
but visited Athens and finally settled at Thourioi (in southern Italy). He was
born *c.* 484 and died after 431. His researches took him all over the Mediter-
ranean as he compiled his one work (in nine books), a history of the Greek and
Persian peoples, culminating in the Persian Wars. In it, he attempts to under-
stand how and why the two came into conflict, first at Marathon in 490 when

the Persian landing was repulsed, and again in 480–479, when a Persian invading force was heroically opposed at Thermopylai and had its fleet defeated at the subsequent sea-battle off Salamis. His reputation as a historian rests on his attempt to bring some critical judgement to bear upon the complex network of reports and traditions which he heard on his travels, without suppressing what he was told. A man of ceaseless curiosity, he is a famous story-teller.

Introduction to the selections

Herodotus accounts for the conflict between the Greeks and the Persians in a narrative which begins with the original enmity between the two, traces the rise of the Persian Empire and ends with the Persian Wars (490–479). There is a broad chronological framework to the narrative, but the peoples of the Mediterranean with whom Greeks and Persians come into contact are as central to the narrative as the history of the war itself. The characteristics of these peoples (Egyptians, Lydians, Scythians, Babylonians and literally hundreds more), their institutions and beliefs and their 'astonishing and magnificent achievements' lie at the heart of the *Histories:* one dimension is, very firmly, man. But the other dimension is, equally firmly, the gods. The Persian Wars are set against the background of man's astonishing variety of beliefs and achievements all over the Mediterranean, but whatever man may achieve there is never any doubt at all that the central feature of the background is the gods who sit in judgement on all man's doings.

The first introductory passage, 'Persian customs', illustrates that side of Herotodus' *Histories* where interest is focused on the people of the Mediterranean. The rest of the selection, 'Xerxes at Abydos' and 'The battle of Thermopylai', is taken from the narrative of the Persian Wars. In revenge for the defeat suffered under his father, King Dareios, at Marathon in Greece (490), Xerxes has prepared a second, enormous invasion of Greece (480). 'Xerxes at Abydos' takes place at the outset of the expedition, when the Persian army and fleet are drawn up on the Asian side of the Hellespont, poised to cross over into Greece. 'The battle of Thermopylai' recounts the first major battle between Greeks and Persians in this second invasion, an encounter which was to become legendary in Greek history.

Herodotus' discursive style of composition owes much to the techniques of oral epic (Homer). The dramatic presentation which is seen in 'Xerxes at Abydos' and in the conversation between Xerxes and Demaratos in 'The battle of Thermopylai' are good examples of this influence. More generally, Herodotus inherits from and shares with Homer the general view of the world of men as subject to the caprices of the gods. The attempt to give the past a historical perspective is an advance, but made within the limitations of an age still unclear about the modern distinction between myth and historical fact. None the less, Herodotus is not gullible and his attitude is best summed up by his own words, which reflect a further important facet of his historical method, the recording of different stories concerning the same set of events, without suppression, leaving the reader free to use his own discretion. This method is quite different from that of Thucydides, who does not insert undigested information. As Herodotus says, 'I must relate what is told me, but I am not in the least obliged to believe it; and that should be taken to apply to the whole of my history' (*Histories* 7.152).

Introductory passages:
Persian customs (*Histories* 1.131–140 (*pass.*))

1 *Differences between the religious conventions of Persia and Greece.*
(131 abridged)

Πέρσας δὲ οἶδα νόμοισι τοιοισίδε χρεωμένους, ἀγάλματα καὶ
νηοὺς καὶ βωμοὺς οὐκ ἐν νόμῳ ποιευμένους ἱδρύεσθαι, ὡς μὲν ἐμοὶ
δοκέειν, ὅτι οὐκ ἀνθρωποφυέας ἐνόμισαν τοὺς θεοὺς εἶναι. οἱ δὲ
νομίζουσι Διὶ μὲν ἐπὶ τὰ ὑψηλότατα τῶν ὀρέων ἀναβαίνοντες θυσίας
ἔρδειν, τὸν κύκλον πάντα τοῦ οὐρανοῦ Δία καλέοντες. θύουσι δὲ ἡλίῳ τε   5
καὶ σελήνῃ καὶ γῇ καὶ πυρὶ καὶ ὕδατι καὶ ἀνέμοισι. τούτοισι μὲν δὴ
θύουσι μούνοισι ἀρχῆθεν, ἐπιμεμαθήκασι δὲ καὶ τῇ Οὐρανίῃ θύειν, παρά
τε Ἀσσυρίων μαθόντες καὶ Ἀραβίων. καλέουσι δὲ Ἀσσύριοι τὴν
Ἀφροδίτην Μύλιττα, Ἀράβιοι δὲ Ἀλιλάτ, Πέρσαι δὲ Μίτραν.

2 *Persian forms of sacrifice and prayer.* (*132 abridged*)

θυσίη δὲ τοῖσι Πέρσῃσι περὶ τοὺς εἰρημένους θεοὺς ἥδε   10
κατέστηκε. οὔτε βωμοὺς ποιεῦνται οὔτε πῦρ ἀνακαίουσι μέλλοντες
θύειν· οὐ σπονδῇ χρέωνται, οὐκὶ αὐλῷ, οὐ στέμμασι, οὐκὶ οὐλῇσι. τῶν
δὲ ὡς ἑκάστῳ θύειν θέλῃ, ἐς χῶρον καθαρὸν ἀγαγὼν τὸ κτῆνος καλέει
τὸν θεὸν ἐστεφανωμένος τὸν τιάραν μυρσίνῃ μάλιστα. μάγος δὲ ἀνὴρ
παρεστεὼς ἐπαείδει θεογονίην, οἵην δὴ ἐκεῖνοι λέγουσι εἶναι τὴν   15
ἐπαοιδήν· ἄνευ γὰρ δὴ μάγου οὔ σφι νόμος ἐστὶ θυσίας ποιέεσθαι.
ἐπισχὼν δὲ ὀλίγον χρόνον ἀποφέρεται ὁ θύσας τὰ κρέα καὶ χρᾶται ὅ τι
μιν λόγος αἱρέει.

3 *Persian celebration of birthdays. Their habits in eating. The strange
way they make decisions in council.* (*133 abridged*)

ἡμέρην δὲ ἁπασέων μάλιστα ἐκείνην τιμᾶν νομίζουσι τῇ
ἕκαστος ἐγένετο. ἐν ταύτῃ δὲ πλέω δαῖτα τῶν ἀλλέων δικαιεῦσι   20
προτίθεσθαι· ἐν τῇ οἱ εὐδαίμονες αὐτῶν βοῦν καὶ ἵππον καὶ κάμηλον καὶ
ὄνον προτιθέαται ὅλους ὀπτοὺς ἐν καμίνοισι, οἱ δὲ πένητες αὐτῶν τὰ
λεπτὰ τῶν προβάτων προτιθέαται. σίτοισι δὲ ὀλίγοισι χρέωνται,

ἄγαλμα, τό statue (3b)
ἀνακαίω kindle, light up
ἀνθρωποφυής ές of man's nature, like man
᾿Αράβιοι, οἱ Arabians (2a)
*ἀρχῆθεν from long ago; from the beginning
᾿Ασσύριοι, οἱ Assyrians (2a)
αὐλός, ὁ reed-pipe (2a)
᾿Αφροδίτη, ἡ Aphrodite (1a)
βοῦς, ὁ ox (acc. s. βοῦν)
δαίς (δαιτ-), ἡ banquet (3a)
δικαιόω deem (it) right (to), think it right (to)
ἐν νόμῳ ποιεῦμαι consider lawful
*ποιέομαι think, consider
ἐπαείδω sing in accompaniment
ἐπαοιδή, ἡ spell, enchantment (1a)
ἐπιμανθάνω learn in addition
ἔρδω make, offer
*θέλω wish, want (= ἐθέλω)
θεογονίη, ἡ genealogy of the gods (1a)
ἱδρύομαι set up, dedicate
καθαρός ά όν free from pollution, pure
κάμηλος, ὁ camel (2a)
κάμινος, ἡ oven (2a)
κρέα, τά meat, flesh
κτῆνος, τό beast (3c)
λεπτός ή όν small
*μάγος, ὁ Magian, priest (2a)
Μίτρα, ἡ Mitra (1b)
Μύλιττα, ἡ Mylitta (1c)
μυρσίνη, ἡ myrtle-branch (1a)
νηός, ὁ temple (2a)
ὅ τι μιν λόγος αἱρέει lit. 'as reason takes him' i.e. 'as he pleases'
ὄνος, ὁ ass (2a)
ὀπτός ή όν baked
οὐλαί, αἱ barley-corns (1a) (sprinkled on the victim's head before sacrifice)
Οὐρανίη, ἡ Ourania (1a) ('the heavenly goddess' – i.e. Aphrodite)
*Πέρσης, ὁ Persian (1d)
πρόβατα, τά animals (2b) (sheep or goats)
προτιθέαται = προτίθενται (-αται can = 3rd pl.)
προτίθεμαι set before oneself, have set before one
σῖτα, τά main courses (2b)
στέμμα (στεμματ-), τό garland (3b)
στεφανόω crown, garland
τιάρας, ὁ tiara (1d) (headdress, used on solemn occasions) τὸν τιάραν tr. 'on his tiara'
τῶν δὲ ὡς ἑκάστῳ tr. 'and whenever to each of these'
ὑψηλός ή όν high
*χρεωμένους = χρωμένους χρέομαι = χράομαι
*χῶρος, ὁ place; piece of ground; land (2a)
ὡς ἐμοὶ δοκέειν 'as it seems to me'

A king at a fire altar

A Greek sacrifice

ἐπιφορήμασι δὲ πολλοῖσι καὶ οὐκ ἀλέσι· οἴνῳ δὲ κάρτα προσκέαται, καί
σφι οὐκ ἐμέσαι ἔξεστι, οὐκὶ οὐρῆσαι ἀντίον ἄλλου. ταῦτα μέν νυν οὕτω   25
φυλάσσεται, μεθυσκόμενοι δὲ ἐώθασι βουλεύεσθαι τὰ σπουδαιέστατα
τῶν πρηγμάτων· τὸ δ' ἂν ἄδη σφι βουλευομένοισι, τοῦτο τῇ ὑστεραίῃ
νήφουσι προτιθεῖ ὁ στέγαρχος. καὶ ἢν μὲν ἄδη καὶ νήφουσι, χρέωνται
αὐτῷ, ἢν δὲ μὴ ἄδη, μετιεῖσι. τὰ δ' ἂν νήφοντες προβουλεύσωνται,
μεθυσκόμενοι ἐπιδιαγινώσκουσι.   30

4 Imitation of foreign customs. (135)

ξεινικὰ δὲ νόμαια Πέρσαι προσίενται ἀνδρῶν μάλιστα. καὶ γὰρ
δὴ τὴν Μηδικὴν ἐσθῆτα νομίσαντες τῆς ἑωυτῶν εἶναι καλλίω φορέουσι
καὶ ἐς τοὺς πολέμους τοὺς Αἰγυπτίους θώρηκας. καὶ εὐπαθείας τε
παντοδαπὰς πυνθανόμενοι ἐπιτηδεύουσι καὶ δὴ καὶ ἀπ' Ἑλλήνων
μαθόντες παισὶ μίσγονται. γαμέουσι δὲ ἕκαστος αὐτῶν πολλὰς μὲν   35
κουριδίας γυναῖκας, πολλῷ δ' ἔτι πλεῦνας παλλακὰς κτῶνται.

5 Ideas about the begetting and rearing of children. (136 abridged)

ἀνδραγαθίη δὲ αὕτη ἀποδέδεκται, μετὰ τὸ μάχεσθαι εἶναι
ἀγαθόν, ὃς ἂν πολλοὺς ἀποδέξῃ παῖδας· τῷ δὲ τοὺς πλείστους
ἀποδεικνύντι δῶρα ἐκπέμπει βασιλεὺς ἀνὰ πᾶν ἔτος. παιδεύουσι δὲ τοὺς
παῖδας τρία μοῦνα, ἱππεύειν καὶ τοξεύειν καὶ ἀληθίζεσθαι. πρὶν δὲ ἢ   40
πενταέτης γένηται, οὐκ ἀπικνέεται ἐς ὄψιν τῷ πατρί, ἀλλὰ παρὰ τῇσι
γυναιξὶ δίαιταν ἔχει. τοῦδε δὲ εἵνεκα τοῦτο οὕτω ποιέεται, ἵνα, ἢν
ἀποθάνῃ τρεφόμενος, μηδεμίαν ἄσην τῷ πατρὶ προσβάλῃ.

Αἰγύπτιος a ον Egyptian
ἀληθίζομαι speak the truth
*ἀλής ές all together;
  thronged; in a mass
ἄνα πᾶν ἔτος year by year
*ἄνα (+acc.) up, up along, up
  and down, throughout
ἀνδάνω (ἁδ-) please (+dat.)
ἀνδραγαθίη, ἡ manly virtue
  (1a)
*ἀντίον or ἀντία (+gen.) in the

presence of; facing; against
ἀποδέδεκται perf. pass. of
  ἀποδείκνυμι tr. 'is
  considered as'
*ἀποδείκνυμι (ἀποδειξ-:
  Herod. ἀποδεξ-) represent
  as; consider as; produce;
  display; appoint, make
ἄση, ἡ distress, vexation (1a)
δίαιτα, ἡ way of life; abode
δίαιταν ἔχω live

εἶναι ἀγαθόν tr. 'that he is a
  brave man'
ἐμέω vomit, throw up
ἐπιδιαγιγνώσκω consider
  afresh
ἐπιτηδεύω pursue, practise
ἐπιφόρημα, τό dessert dish
  (3b)
εὐπάθεια, ἡ comfort; pl.
  enjoyments, luxuries (1b)
ἔωθα be accustomed to

*ἤν = ἐάν
θώρηξ (θωρηκ-), ὁ corselet, cuirass (3a)
ἱππεύω ride, be a horseman
*κάρτα very, extremely
κουρίδιος α ον lawfully wedded
μεθύσκομαι get drunk
*Μηδικός ή όν Median
μίσγομαι have sexual intercourse with (+dat.)
νήφουσι = dat. pl. part. of νήφω be sober
νόμαια, τά customs, usages (2b)

ξεινικός ή όν foreign
οἶνος, ὁ wine (2a)
οὐρέω make water
*παιδεύω train, teach, educate
παλλακή, ἡ concubine (1a)
παντοδαπός ή όν of every kind, of all sorts
πενταέτης ες five years old
πλεῦνας (acc. pl.) more
*πλευν- *signifies part of* πλείων/πλέων more
πρίν . . . ἤ (+subj.) until
*προσβάλλω (προσβαλ-) afflict x (dat.) with y (acc.); procure for;

assign to; make an attack, assault
προσίεμαι admit, accept, submit to
προσκέαται = πρόσκεινται
πρόσκειμαι be devoted to (+dat.)
σπουδαιέστατος η ον sup. of σπουδαῖος serious
στέγαρχος, ὁ master of the house (2a)
τοξεύω shoot with the bow
φορέω wear
φυλάσσομαι be avoided, be taboo

A sick Greek

Heavy-armoured Greek (left) *versus* Persian in Median/Egyptian gear

6 *Persian taboos. (138 abridged)*

ἄσσα δέ σφι ποιέειν οὐκ ἔξεστι, ταῦτα οὐδὲ λέγειν ἔξεστι.
αἴσχιστον δὲ αὐτοῖσι τὸ ψεύδεσθαι νενόμισται, δεύτερα δὲ τὸ ὀφείλειν   45
χρέος, πολλῶν μὲν καὶ ἄλλων εἵνεκα, μάλιστα δὲ ἀναγκαίην φασὶ εἶναι
τὸν ὀφείλοντα καί τι ψεῦδος λέγειν. ὃς ἂν δὲ τῶν ἀστῶν λέπρην ἢ λεύκην
ἔχῃ, ἐς πόλιν οὗτος οὐ κατέρχεται οὐδὲ συμμίσγεται τοῖσι ἄλλοισι
Πέρσῃσι. φασὶ δέ μιν ἐς τὸν ἥλιον ἁμαρτόντα τι ταῦτα ἔχειν. ἐς ποταμὸν
δὲ οὔτε ἐνουρέουσι οὔτε ἐμπτύουσι, οὐ χεῖρας ἐναπονίζονται οὐδὲ ἄλλον   50
οὐδένα περιορῶσι, ἀλλὰ σέβονται ποταμοὺς μάλιστα.

7 *Treatment of corpses. The Magi. (140 abridged)*

ταῦτα μὲν ἀτρεκέως ἔχω περὶ αὐτῶν εἰδὼς εἰπεῖν. τάδε μέντοι
ὡς κρυπτόμενα λέγεται καὶ οὐ σαφηνέως περὶ τοῦ ἀποθανόντος, ὡς οὐ
πρότερον θάπτεται ἀνδρὸς Πέρσεω ὁ νέκυς πρὶν ἂν ὑπ' ὄρνιθος ἢ κυνὸς
ἑλκυσθῇ. μάγους μὲν γὰρ ἀτρεκέως οἶδα ταῦτα ποιέοντας· ἐμφανέως   55
γὰρ δὴ ποιεῦσι. κατακηρώσαντες δὲ ὦν τὸν νέκυν Πέρσαι γῇ κρύπτουσι.
μάγοι δὲ κεχωρίδαται πολλὸν τῶν τε ἄλλων ἀνθρώπων καὶ τῶν ἐν
Αἰγύπτῳ ἱρέων· οἱ μὲν γὰρ ἁγνεύουσι ἔμψυχον μηδὲν κτείνειν, εἰ μὴ ὅσα
θύουσι· οἱ δὲ δὴ μάγοι αὐτοχειρίῃ πάντα πλὴν κυνὸς καὶ ἀνθρώπου
κτείνουσι, καὶ ἀγώνισμα μέγα τοῦτο ποιεῦνται, κτείνοντες ὁμοίως   60
μύρμηκάς τε καὶ ὄφις καὶ τἆλλα ἑρπετὰ καὶ πετεινά.

ἀγνεύω consider it as part of purity (to), make it a point of religion (to)

ἀγώνισμα, τό an object to strive for (3b)

Αἴγυπτος, ἡ Egypt (2a)

*ἀναγκαίη ἐστί = ἀνάγκη ἐστί it is necessary for x (acc.) to Y (inf.)

ἄσσα = ἄττα 'what (things)'

*ἀτρεκέως accurately, truly

αὐτοχειρίη with their own hands

*δεύτερα secondly; δεύτερος α ον second

εἰ μή except

ἕλκω tear in pieces (aor. pass. stem ἑλκυσθ-)

ἐμπτύω spit into

ἔμψυχος ον animate, living

ἐναπονίζομαι wash oneself in

ἐνουρέω make water in

ἑρπετόν, τό beast which goes on all fours, reptile (2b)

*θάπτω bury, honour with funeral rites, carry out to burial

ἱρεύς, ὁ priest (3g)

κατακηρόω cover with wax

κατέρχομαι return

*κρύπτω keep secret, hide; bury; cover

λέπρη, ἡ leprosy (1a)

λεύκη, ἡ the white disease (1a) (a mild form of leprosy)

μύρμης (μυρμηκ-), ὁ ant (3a)

νέκυς, ὁ corpse (3e)

ὄρνις (ὀρνιθ-), ὁ bird (3a)

ὄφις, ὁ serpent (3e)

*περιοράω allow, overlook

πετεινόν, τό creature able to fly, bird (2b)

πολλὸν = πολύ

*πολλός όν = πολύς πολλή πολύ

σαφηνέως plainly, clearly

*σέβομαι revere, worship

*συμμίσγομαι (συμμειξ-) συμμίσγω associate with, engage with (+ dat.)

χρέος, τό debt (3c)

*χωρίζομαι be different from (+ gen.) (3rd pl. perf. κεχωρίδαται)

ψεῦδος, τό lie (3c)

Regular Persian guard (right) followed by a Median

Introductory passages:
Xerxes at Abydos (*Histories* 7.44–53)

Introduction

According to Herodotus, Dareios, incensed by the Persian defeat at Marathon in 490 and still seeking vengeance for the burning of Sardis by the Ionians in 498, had been preparing a second expedition when he died (486). Xerxes, his son, inherited the throne and, as Herodotus tells it, his father's desire for conquest and revenge. In the earlier part of book 7, Herodotus gives a picture of the process of decision in the court of Xerxes. Mardonios urges the expedition, while Xerxes' uncle Artabanos argues against it. The issue is settled by a dream, which threatens Xerxes with dire consequences if he does not go. Artabanos too sees the dream and changes heart. Four years of preparation follow, during which vast engineering projects are set in motion (a canal across the Mt Athos peninsula, a boat bridge over the Hellespont), and the greatest army and navy ever seen is assembled. (See map, p. 73)

Throughout this build-up Herodotus takes care to show us Xerxes' character. He turns savagely on Artabanos when he first argues against the expedition and just as quickly calms down again and changes his mind the next day. He whips the Hellespont and throws chains upon it when his first boat bridge is destroyed by a storm. When asked by Pythios the Lydian (who has shown him great loyalty) to spare the eldest of his five sons from the war, Xerxes replies by having this son cut in two and marching his army between the halves of his body. Now, on the eve of the invasion, Xerxes reflects on the expedition with Artabanos.

8 *Xerxes gazes on his army and fleet; first he rejoices then he weeps.*
(44–5)

ἐπεὶ δ' ἐγένοντο ἐν 'Αβύδῳ, ἠθέλησε Ξέρξης ἰδέσθαι πάντα τὸν στρατόν. καὶ προεπεποίητο γὰρ ἐπὶ κολωνοῦ ἐπίτηδες αὐτῷ ταύτῃ προεξέδρη λίθου λευκοῦ (ἐποίησαν δὲ 'Αβυδηνοὶ ἐντειλαμένου πρότερον βασιλέος), ἐνθαῦτα ὡς ἵζετο, κατορῶν ἐπὶ τῆς ἠιόνος ἐθηεῖτο καὶ τὸν   65
πεζὸν καὶ τὰς νέας, θηεύμενος δὲ ἱμέρθη τῶν νεῶν ἅμιλλαν γινομένην ἰδέσθαι. ἐπεὶ δὲ ἐγένετό τε καὶ ἐνίκων Φοίνικες Σιδώνιοι, ἥσθη τῇ τε ἁμίλλῃ καὶ τῇ στρατιῇ. ὡς δὲ ὥρα πάντα μὲν τὸν Ἑλλήσποντον ὑπὸ τῶν νεῶν ἀποκεκρυμμένον, πάσας δὲ τὰς ἀκτὰς καὶ τὰ 'Αβυδηνῶν πεδία

ἐπίπλεα ἀνθρώπων, ἐνθαῦτα ὁ Ξέρξης ἑωυτὸν ἐμακάρισε, μετὰ δὲ τοῦτο   70
ἐδάκρυσε.

'Αβυδηνοί, οἱ people of
  Abydos (2a)
"Αβυδος, ἡ Abydos (2a)
ἀκτή, ἡ headland,
  promontory (1a)
ἅμιλλα, ἡ contest for
  superiority, race (1c)
*ἀποκρύπτω hide from sight,
  conceal; hide x (acc.) from
  y (acc.); lose from sight
  (perf. pass. part.
  ἀποκεκρυμμένος)
*'Ελλήσποντος, ὁ Hellespont
  (2a)
*ἐνθαῦτα = ἐνταῦθα
*ἐντέλλομαι
  (ἐντειλ-) command,

enjoin (+dat.)
ἐπίπλεος α ον quite full of
  (+gen.)
ἐπίτηδες purposely
ἠιών (ἠιον-), ἡ shore, beach
  (3a)
*θηέομαι = θεάομαι
*ἵζομαι sit; lie in ambush; settle
  down
ἱμείρομαι (ἱμερθ-) long for,
  desire
*κολωνός, ὁ hill (2a)
λευκός ή όν white
μακαρίζω pronounce happy,
  congratulate
νέας = ναῦς (acc. pl.)
*Ξέρξης, ὁ Xerxes (1d)

πεδίον, τό plain (2b)
*πεζός, ὁ land-force, army;
  infantry (2a)
προεξέδρη, ἡ chair of state
  (1a)
προποιέω make beforehand,
  prepare
Σιδώνιος α ον from Sidon
*στρατός, ὁ army (2a)
*ταύτῃ on this spot, here; in
  this point, herein; in this
  way, thus
Φοῖνιξ, (Φοινικ-), ὁ
  Phoenician (3a)
ὥρα = ἑώρα (3rd s. impf. of
  ὁράω)

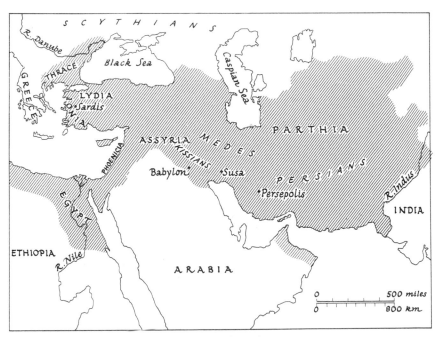

Extent of the Persian Empire under Xerxes

9 *Artabanos, Xerxes' paternal uncle, who had advised against the expedition, but subsequently changed his mind because of a dream, discovers that Xerxes is weeping for the brevity of human life. (46¹⁻²)*

μαθὼν δέ μιν Ἀρτάβανος ὁ πάτρως, ὃς τὸ πρῶτον γνώμην
ἀπεδέξατο ἐλευθέρως οὐ συμβουλεύων Ξέρξῃ στρατεύεσθαι ἐπὶ τὴν
Ἑλλάδα, οὗτος ὠνὴρ φρασθεὶς Ξέρξην δακρύσαντα εἴρετο τάδε· 'ὦ
βασιλεῦ, ὡς πολλὸν ἀλλήλων κεχωρισμένα ἐργάσαο νῦν τε καὶ ὀλίγῳ   75
πρότερον· μακαρίσας γὰρ σεωυτὸν δακρύεις.' ὁ δὲ εἶπε· 'ἐσῆλθε γάρ με
λογισάμενον κατοικτῖραι ὡς βραχὺς εἴη ὁ πᾶς ἀνθρώπινος βίος, εἰ
τούτων γε ἐόντων τοσούτων οὐδεὶς ἐς ἑκατοστὸν ἔτος περιέσται.'

10 *Artabanos reflects that life has worse to offer than merely its brevity.
(46²⁻⁴)*

ὁ δὲ ἀμείβετο λέγων· 'ἕτερα τούτου παρὰ τὴν ζόην πεπόνθαμεν
οἰκτρότερα. ἐν γὰρ οὕτω βραχέϊ βίῳ οὐδεὶς οὕτως ἄνθρωπος ἐὼν   80
εὐδαίμων πέφυκε, οὔτε τούτων οὔτε τῶν ἄλλων, τῷ οὐ παραστήσεται
πολλάκις καὶ οὐκὶ ἅπαξ τεθνάναι βούλεσθαι μᾶλλον ἢ ζώειν. αἵ τε γὰρ
συμφοραὶ προσπίπτουσαι καὶ αἱ νοῦσοι συνταράσσουσαι καὶ βραχὺν
ἐόντα μακρὸν δοκέειν εἶναι ποιεῦσι τὸν βίον. οὕτως ὁ μὲν θάνατος
μοχθηρῆς ἐούσης τῆς ζόης καταφυγὴ αἱρετωτάτη τῷ ἀνθρώπῳ γέγονε,   85
ὁ δὲ θεὸς γλυκὺν γεύσας τὸν αἰῶνα φθονερὸς ἐν αὐτῷ εὑρίσκεται ἐών.'

11 *Xerxes asks Artabanos his opinion of the expedition's chances. Arta-
banos replies that he has grave doubts, since two elements are hostile to
it. Xerxes is astonished and asks what criticism he has of the army and
navy. (47–8)*

Ξέρξης δὲ ἀμείβετο λέγων· Ἀρτάβανε, βιοτῆς μέν νυν
ἀνθρωπηίης πέρι, ἐούσης τοιαύτης οἵην περ σὺ διαιρέαι εἶναι,
παυσώμεθα, μηδὲ κακῶν μεμνώμεθα χρηστὰ ἔχοντες πρήγματα ἐν
χερσί· φράσον δέ μοι τόδε· εἴ τοι ἡ ὄψις τοῦ ἐνυπνίου μὴ ἐναργὴς οὕτω   90
ἐφάνη, εἶχες ἂν τὴν ἀρχαίην γνώμην, οὐκ ἐῶν με στρατεύεσθαι ἐπὶ τὴν
Ἑλλάδα, ἢ μετέστης ἄν; φέρε τοῦτό μοι ἀτρεκέως εἰπέ.' ὁ δὲ ἀμείβετο
λέγων· 'ὦ βασιλεῦ, ὄψις μὲν ἡ ἐπιφανεῖσα τοῦ ὀνείρου, ὡς βουλόμεθα
ἀμφότεροι, τελευτήσειε· ἐγὼ δ' ἔτι καὶ ἐς τόδε δείματός εἰμι ὑπόπλεος
οὐδ' ἐντὸς ἐμεωυτοῦ, ἄλλα τε πολλὰ ἐπιλεγόμενος καὶ δὴ καὶ ὁρῶν τοι   95
δύο τὰ μέγιστα πάντων ἐόντα πολεμιώτατα.' Ξέρξης δὲ πρὸς ταῦτα

ἀμείβετο τοισίδε· 'δαιμόνιε ἀνδρῶν, κοῖα ταῦτα δύο λέγεις εἶναί μοι
πολεμιώτατα; κότερά τοι ὁ πεζὸς μεμπτὸς κατὰ πλῆθός ἐστι, καὶ τὸ
Ἑλληνικὸν στράτευμα φαίνεται πολλαπλήσιον ἔσεσθαι τοῦ ἡμετέρου, ἢ
τὸ ναυτικὸν τὸ ἡμέτερον λείψεσθαι τοῦ ἐκείνων, ἢ καὶ συναμφότερα   100
ταῦτα; εἰ γάρ τοι ταύτῃ φαίνεται ἐνδεέστερα εἶναι τὰ ἡμέτερα
πρήγματα, στρατοῦ ἂν ἄλλου τις τὴν ταχίστην ἄγερσιν ποιοῖτο.'

ἄγερσις, ἡ gathering,
    mustering (3e)
αἱρετός ή όν to be chosen,
    desirable
*αἰών (αἰων-), ὁ life, lifetime;
    age (3a)
ἀνθρωπήϊος η ον human
ἀνθρώπινος η ον human
*ἅπαξ once only, once
*'Αρτάβανος, ὁ Artabanos (2a)
ἀρχαῖος α ον former
βιοτή, ἡ life (1a)
γεύω give a taste of
δαιμόνιε ἀνδρῶν my dear
    fellow
*δεῖμα (δειματ-), object of fear
    (3b)
διαιρέομαι define expressly
*εἴρομαι ask, inquire, ask x
    (acc.) y (acc.) (=ἔρομαι)
ἑκατοστός ή όν hundredth
*Ἑλληνικός ή όν Greek
ἐναργής ές palpable
ἐνδεής ές deficient, lacking
*ἐντός (+gen.) within, inside
*ἐνύπνιον, τό dream (2b)
*ἐπιλέγομαι think upon, think
    over; expect
ἐπιφαίνομαι
    (ἐπιφαν-) appear, show
    oneself
ἐργάσαο = εἰργάσω (2nd s. aor.
    ind.)
    *-αο 2nd s. ending for past

tenses
ἐς τόδε up to this time
ἐσέρχεται (ἐσελθ-) it comes
    into x's mind to y (inf.)
*ζόη, ή = ζωή, ή life, existence;
    property (1a)
*ζώω = ζάω live, pass one's life
καταφυγή, ἡ place of refuge
    (1a)
κατοικτίρω (κατοικτιρ-) feel
    compassion, show
    compassion (sc. 'at the
    thought')
*λείπομαι fall short of, be
    inferior to (+gen.), be left
    behind, remain
μακαρίζω pronounce happy,
    congratulate
*μεθίσταμαι (μεταστα-)
    change (one's mind); alter;
    change position; cease from
    (+gen.)
μεμπτός ή όν blameworthy
μοχθηρός ά όν wretched, hard
*ναυτικόν, τό fleet (2b)
οἰκτρός ά όν pitiable,
    lamentable
παρά (+acc.) through
παρίσταται (παραστα-) it
    comes into x's (dat.) head to
    y (inf.)
πάτρως, ὁ uncle, father's
    brother
*περ emphatic (tr. οἷηνπερ 'just

as...')
πέρι governs βιοτῆς...
    ἀνθρωπηίης
*περίειμι survive; remain;
    surpass (+gen.)
πολλαπλήσιος α ον many
    times larger than (+gen.)
*προσπίπτω
    (προσπεσ-) befall, come
    suddenly upon one; fall
    upon; meet
*στράτευμα, τό army,
    expedition, campaign (3b)
*στρατεύομαι advance with an
    army, or fleet, wage war
*συμβουλεύω advise x (dat.) to
    y (inf.); give advice
συναμφότεροι αι α both
    together
συνταράσσω throw into
    confusion or disorder
*τάχιστος η ον quickest (sup.
    of ταχύς)
τὴν ταχίστην most
    quickly
τελευτήσειε expresses a
    wish 'may...'
ὑπόπλεος ον full (+gen.)
φθονερός ά όν jealous
φράζομαι (φρασθ-) perceive,
    observe
ὡνήρ = ὁ ἀνήρ

12 *Artabanos: 'There are no harbours big enough for your navy, and insufficient food supplies for the expedition generally.' (49)*

ὁ δ᾽ ἀμείβετο λέγων· 'ὦ βασιλεῦ, οὔτε στρατὸν τοῦτον, ὅστις γε
σύνεσιν ἔχει, μέμφοιτ᾽ ἂν οὔτε τῶν νεῶν τὸ πλῆθος· ἤν τε πλεῦνας
συλλέξῃς, τὰ δύο τοι τὰ λέγω πολλῷ ἔτι πολεμιώτερα γίνεται. τὰ δὲ δύο   105
ταῦτα ἐστὶ γῆ τε καὶ θάλασσα. οὔτε γὰρ τῆς θαλάσσης ἔστι λιμὴν
τοσοῦτος οὐδαμόθι, ὡς ἐγὼ εἰκάζω, ὅστις ἐγειρομένου χειμῶνος
δεξάμενός σευ τοῦτο τὸ ναυτικὸν φερέγγυος ἔσται διασῶσαι τὰς νέας.
καίτοι οὐκὶ ἕνα αὐτὸν δεῖ εἶναι, ἀλλὰ παρὰ πᾶσαν τὴν ἤπειρον παρ᾽ ἣν
δὴ κομίζεαι. οὐκ ὢν δὴ ἐόντων τοι λιμένων ὑποδεξίων, μαθὲ ὅτι αἱ   110
συμφοραὶ τῶν ἀνθρώπων ἄρχουσι καὶ οὐκὶ ὤνθρωποι τῶν συμφορέων.
καὶ δὴ τῶν δύο τοι τοῦ ἑτέρου εἰρημένου τὸ ἕτερον ἔρχομαι ἐρέων. γῆ δὴ
πολεμίη τῇδέ τοι κατίσταται· εἰ θέλει τοι μηδὲν ἀντίξοον καταστῆναι,
τοσούτῳ τοι γίνεται πολεμιωτέρη ὅσῳ ἂν προβαίνῃς ἑκαστέρω, τὸ
πρόσω αἰεὶ κλεπτόμενος· εὐπρηξίης δὲ οὐκ ἔστι ἀνθρώποισι οὐδεμία   115
πληθώρη. καὶ δή τοι, ὡς οὐδενὸς ἐναντιευμένου, λέγω τὴν χώρην πλεῦνα
ἐν πλέονι χρόνῳ γινομένην λιμὸν τέξεσθαι. ἀνὴρ δὲ οὕτω ἂν εἴη ἄριστος,
εἰ βουλευόμενος μὲν ἀρρωδέοι, πᾶν ἐπιλεγόμενος πείσεσθαι χρῆμα, ἐν δὲ
τῷ ἔργῳ θρασὺς εἴη.'

13 *Xerxes: 'Nothing ventured, nothing gained. No man can know the future. My predecessors without daring would not have made Persia great. I follow in their footsteps and my preparations are quite sufficient.' (50)*

ἀμείβεται Ξέρξης τοισίδε· ''Ἀρτάβανε, οἰκότως μὲν σύ γε
τούτων ἕκαστα διαιρέαι, ἀτὰρ μήτε πάντα φοβέο μήτε πᾶν ὁμοίως   120
ἐπιλέγεο. εἰ γὰρ δὴ βούλοιο ἐπὶ τῷ αἰεὶ ἐπεσφερομένῳ πρήγματι τὸ πᾶν
ὁμοίως ἐπιλέγεσθαι, ποιήσειας ἂν οὐδαμὰ οὐδέν· κρέσσον δὲ πάντα
θαρσέοντα ἥμισυ τῶν δεινῶν πάσχειν μᾶλλον ἢ πᾶν χρῆμα
προδειμαίνοντα μηδαμὰ μηδὲν παθεῖν. εἰ δὲ ἐρίζων πρὸς πᾶν τὸ   125
λεγόμενον μὴ τὸ βέβαιον ἀποδέξεις, σφάλλεσθαι ὀφείλεις ἐν αὐτοῖσι
ὁμοίως καὶ ὁ ὑπεναντία τούτοισι λέξας. τοῦτο μέν νυν ἐπ᾽ ἴσης ἔχει·
εἰδέναι δὲ ἄνθρωπον ἐόντα κῶς χρὴ τὸ βέβαιον; δοκέω μὲν οὐδαμῶς.
τοῖσι τοίνυν βουλομένοισι ποιέειν ὡς τὸ ἐπίπαν φιλέει γίνεσθαι τὰ
κέρδεα, τοῖσι δὲ ἐπιλεγομένοισί τε πάντα καὶ ὀκνέουσι οὐ μάλα ἐθέλει.   130
ὁρᾷς τὰ Περσέων πρήγματα ἐς ὃ δυνάμιος προκεχώρηκε. εἰ τοίνυν
ἐκεῖνοι οἱ πρὸ ἐμεῦ γενόμενοι βασιλέες γνώμῃσι ἐχρέωντο ὁμοίῃσι καὶ

σύ, ἢ μὴ χρεώμενοι γνώμῃσι τοιαύτῃσι ἄλλους συμβούλους εἶχον
τοιούτους, οὐκ ἄν κοτε εἶδες αὐτὰ ἐς τοῦτο προελθόντα· νῦν δὲ κινδύνους
ἀναρριπτέοντες ἐς τοῦτό σφεα προηγάγοντο. μεγάλα γὰρ πρήγματα   135
μεγάλοισι κινδύνοισι ἐθέλει καταιρέεσθαι. ἡμεῖς τοίνυν ὁμοιεύμενοι
ἐκείνοισι ὥρην τε τοῦ ἔτεος καλλίστην πορευόμεθα καὶ

ἀναρριπτέω κινδύνους run
  risks
ἀντίξοος ον opposed to,
  (+dat.)
*ἀρρωδέω fear, dread
  (=ὀρρωδέω)
αὐτόν i.e. *a harbour*
διαιρέομαι define expressly
διασῴζω preserve through
  danger
δυνάμιος =δυνάμεως
ἐγείρω rouse, stir up
ἐθέλει is/are wont
εἰκάζω guess, conjecture
ἑκαστέρω further
*ἐναντιόομαι oppose, set
  oneself against, withstand
  (+dat.)
ἐπ' ἴσης ἔχει 'is on an equal
  footing, is all square'
ἐπεσφέρομαι occur
  ἐπὶ τῷ αἰεὶ ἐπεσφερομένῳ
  πρήγματι 'at each and
  every matter which
  occurred'
ἐρίζω (προς+acc) quarrel
  (with)
ἔρχομαι ἐρέων 'I am going to
  tell (you)'
*ἔρχομαι (+fut. part.) be
  going to
ἐς ὅ to what degree of
  (+gen.)
ἐς τοῦτο to this point
εὐπρηξίη, ἡ success (1a)
ἥμισυς εἶα υ half

*ἤπειρος, ἡ mainland;
  continent (2a)
θαρσέω feel confidence
  against, have no fear of
θρασύς εἶα υ bold, full of
  confidence
ἴσος η ον equal
καταιρέομαι be achieved,
  attained
*κέρδος, τό gain, profit; desire
  of gain (3c)
κομίζομαι journey, travel
κρέσσον δέ sc. 'it is better that
  a man . . .'
*λιμός, ὁ hunger, famine (2a)
μηδαμά never, not at all
ὀκνέω hesitate, be afraid to act
ὁμοιόομαι become like
  (+dat.)
ὅμοιος καί the same as
ὁμοίως καί in the same way
  as, equally with
*οὐδαμά never, not at all
*οὐδαμόθι nowhere, in no
  place
οὔτε *do not expect an answering*
  οὔτε: tr. 'not'
*ὀφείλω be bound, ought
πληθώρη, ἡ fullness, satiety
  (1a)
προσβαίνω go on, go forward
προσδειμαίνω fear
  beforehand
προσέρχομαι (προσελθ-) go
  forward, advance
*πρόσω forwards, onwards; far

off; (+gen.) further into,
  far from
προχωρέω proceed
σύμβουλος, ὁ advisor,
  counsellor (2a)
σύνεσις, ἡ understanding (3e)
*σφάλλομαι be mistaken (in)
  (+gen.); be tripped up; fall;
  be baulked
σφεα them (i.e. *their fortunes*)
*τῇδε thus, in this way; here;
  on the spot
τίκτομαι engender, produce
  (fut. τέξομαι)
τὸ βέβαιον tr. 'the secure
  course'
τὸ πρόσω αἰεὶ κλεπτόμενος lit:
  'being always cheated as to
  what is in front of you' i.e.
  'going on blindfold'
τοσούτῳ . . .ὅσῳ so much . . .
  as
ὑπεναντίος α ον contrary to
  (+dat.)
ὑποδέξιος α ον able to receive,
  capacious, ample
φερέγγυος ον capable of,
  sufficient to (+inf.)
ὤνθρωποι =οἱ ἄνθρωποι
*ὥρα, ἡ season (1b)
  ὥρην 'at the . . .'
ὡς given that
ὡς τὸ ἐπίπαν in most cases, in
  general

καταστρεψάμενοι πᾶσαν τὴν Εὐρώπην νοστήσομεν ὀπίσω, οὔτε λιμῷ
ἐντυχόντες οὐδαμόθι οὔτε ἄλλο ἄχαρι οὐδὲν παθόντες. τοῦτο μὲν γὰρ
αὐτοὶ πολλὴν φορβὴν φερόμενοι πορευόμεθα, τοῦτο δέ, τῶν ἄν κου   140
ἐπιβέωμεν γῆν καὶ ἔθνος, τούτων τὸν σῖτον ἕξομεν· ἐπ’ ἀροτῆρας δὲ καὶ
οὐ νομάδας στρατευόμεθα ἄνδρας.’

14 Artabanos: 'Let it be. But take my advice and do not lead the Ionians
against their own kin. They will do no good, and may do positive
harm.' (51)

λέγει ’Αρτάβανος μετὰ ταῦτα· ‘ὦ βασιλεῦ, ἐπείτε ἀρρωδέειν
οὐδὲν ἐᾷς πρῆγμα, σὺ δέ μευ συμβουλίην ἔνδεξαι· ἀναγκαίως γὰρ ἔχει
περὶ πολλῶν πρηγμάτων πλεῦνα λόγον ἐκτεῖναι. Κῦρος ὁ Καμβύσεω   145
’Ιωνίην πᾶσαν πλὴν ’Αθηνέων κατεστρέψατο δασμοφόρον εἶναι
Πέρσῃσι. τούτους ὦν τοὺς ἄνδρας συμβουλεύω τοι μηδεμιῇ μηχανῇ
ἄγειν ἐπὶ τοὺς πατέρας· καὶ γὰρ ἄνευ τούτων οἷοί τέ εἰμεν τῶν ἐχθρῶν
κατυπέρτεροι γίνεσθαι. ἢ γάρ σφεας, ἢν ἕπωνται, δεῖ ἀδικωτάτους
γίνεσθαι καταδουλουμένους τὴν μητρόπολιν, ἢ δικαιοτάτους   150
συνελευθεροῦντας. ἀδικώτατοι μέν νυν γινόμενοι οὐδὲν κέρδος μέγα ἡμῖν
προσβάλλουσι, δικαιότατοι δὲ γινόμενοι οἷοί τε δηλήσασθαι μεγάλως
τὴν σὴν στρατιὴν γίνονται. ἐς θυμὸν ὦν βαλεῦ καὶ τὸ παλαιὸν ἔπος ὡς εὖ
εἴρηται, τὸ “μὴ ἅμα ἀρχῇ πᾶν τέλος καταφαίνεσθαι.”’

15 Xerxes: 'We have had proof of Ionian loyalty before now (when the
Ionians kept open an escape route from the Scythians for the Persians
over the river Ister, although they could have secured their freedom if
they had left the Persians at the mercy of the Scythians). Besides, they
have left wives and children behind now. You go and keep safe my
home and power.' (52)

ἀμείβεται πρὸς ταῦτα Ξέρξης· “Ἀρτάβανε, τῶν ἀπεφήναο   155
γνωμέων σφάλλεαι κατὰ ταύτην δὴ μάλιστα, ὃς Ἴωνας φοβέαι μὴ
μεταβάλωσι, τῶν ἔχομεν γνῶμα μέγιστον, τῶν σύ τε μάρτυς γίνεαι καὶ
οἱ συστρατευσάμενοι Δαρείῳ ἄλλοι ἐπὶ Σκύθας, ὅτι ἐπὶ τούτοισι ἡ πᾶσα
Περσικὴ στρατιὴ ἐγένετο διαφθεῖραι καὶ περιποιῆσαι· οἱ δὲ δικαιοσύνην
καὶ πιστότητα ἐνέδωκαν, ἄχαρι δὲ οὐδέν. πάρεξ δὲ τούτου, ἐν τῇ   160
ἡμετέρῃ καταλιπόντας τέκνα καὶ γυναῖκας καὶ χρήματα οὐδ’
ἐπιλέγεσθαι χρὴ νεώτερόν τι ποιήσειν. οὕτω μηδὲ τοῦτο φοβέο, ἀλλὰ

θυμὸν ἔχων ἀγαθὸν σῷζε οἶκόν τε τὸν ἐμὸν καὶ τυραννίδα τὴν ἐμήν· σοὶ
γὰρ ἐγὼ μούνῳ ἐκ πάντων σκῆπτρα τὰ ἐμὰ ἐπιτρέπω.'

᾽Αθηνέων = ᾽Αθηνῶν
*ἅμα (+dat.) at, at the same
  time as
ἀναγκαίως ἔχει it is necessary
ἀροτήρ (ἀροτηρ-), ὁ plougher,
  cultivator of the soil (3a)
*ἄχαρις ἄχαρι unpleasant,
  disagreeable
βάλλομαι (βαλ-) take x (acc.)
  to y (ἐς +acc.)
γνῶμα, τό mark, token (3b)
Δαρεῖος, ὁ Dareios (2a) (King
  of Persia, 521–486)
δασμοφόρος ον tributary (to)
  (+dat.)
δηλέομαι damage, do harm to
δικαιοσύνη, ἡ justice (1a)
*ἔθνος, τό nation; tribe (3c)
ἐκτείνω (ἐκτειν-) spin out,
  prolong
ἐνδέχομαι accept x (acc.)
  from y (gen.)
ἐνδίδωμι (ἐνδο-) show,
  exhibit
ἐπί (+dat.) in the hands of
ἐπιβαίνω (ἐπιβα-) enter (1st
  pl. aor. subj. ἐπιβέωμεν)

ἐπιτρέπω entrust x (acc.) to y
  (dat.)
*Εὐρώπη, ἡ Europe (1a)
Ἴωνες, οἱ the Ionians (3a)
καθυπέρτερος α ον superior
  (to) (+gen.)
Καμβύσης, ὁ Kambyses (1d)
καταδουλόομαι enslave
καταλίποντας . . . χρή 'since
  they have . . . we shouldn't .
  . . them to . . .'
*καταστρέφομαι subdue,
  subject to oneself
καταφαίνομαι become
  visible, appear
Κῦρος, ὁ Kyros (2a) (the Great
  King of Persia 559–529)
μεταβάλλω (μεταβαλ-)
  change sides
μηδεμίῃ μηχανῇ by no means
μητρόπολις, ἡ mother-city
  (3e)
νεώτερόν τι anything
  revolutionary
*νέος α ον unexpected,
  strange, untoward
νομάς (νομαδ-), ὁ nomad (3a)

νοστέω come home, return
οἵοί τε sc. εἰσιν
*ὀπίσω back again,
  backwards; hereafter
πάρεξ (+gen.) besides
περιποιέω keep safe
Περσικός ή όν Persian
πιστότης (πιστοτητ-), ἡ
  good faith, honesty (3a)
σκῆπτρον, τό sceptre, symbol
  of monarchy (2b)
Σκύθης, ὁ Scythian (1d)
συμβουλίη, ἡ advice (1a)
συνελευθερόω join in freeing
*συστρατεύομαι share in an
  expedition with (+dat.)
τέλος, τό outcome (3c)
τῇ ἡμετέρῃ sc. χώρῃ
τοῦτο μὲν . . . τοῦτο δὲ firstly . .
  . secondly
τυραννίς (τυρραννιδ-), ἡ
  tyranny (3a)
τῶν . . . γνωμέων 'in the . . .
  which . . .' (l. 155–6)
φορβή, ἡ fodder (1a)

Procession of tribute-bearers to the Persian King

16 *First sending Artabanos to Sousa, Xerxes addresses his chief men: 'Be brave and worthy of Persia's past. If we conquer the Greeks, no one will ever beat us.' (53)*

ταῦτα εἴπας καὶ Ἀρτάβανον ἀποστείλας ἐς Σοῦσα δεύτερα   165
μετεπέμψατο Ξέρξης Περσέων τοὺς δοκιμωτάτους· ἐπεὶ δέ οἱ παρῆσαν,
ἔλεγέ σφι τάδε· 'ὦ Πέρσαι, τῶνδ' ἐγὼ ὑμέων χρηίζων συνέλεξα, ἄνδρας
τε γίνεσθαι ἀγαθοὺς καὶ μὴ καταισχύνειν τὰ πρόσθε ἐργασμένα
Πέρσῃσι, ἐόντα μεγάλα τε καὶ πολλοῦ ἄξια, ἀλλ' εἷς τε ἕκαστος καὶ οἱ
σύμπαντες προθυμίην ἔχωμεν· ξυνὸν γὰρ πᾶσι τοῦτο ἀγαθὸν σπεύδεται.   170
τῶνδε δὲ εἵνεκα προαγορεύω ἀντέχεσθαι τοῦ πολέμου ἐντεταμένως· ὡς
γὰρ ἐγὼ πυνθάνομαι, ἐπ' ἄνδρας στρατευόμεθα ἀγαθούς, τῶν ἢν
κρατήσωμεν, οὐ μή τις ἡμῖν ἄλλος στρατὸς ἀντιστῇ κοτε ἀνθρώπων. νῦν
δὲ διαβαίνωμεν ἐπευξάμενοι τοῖσι θεοῖσι οἳ Περσίδα γῆν λελόγχασι.'

ἄνδρας τε γίνεσθαι tr. 'namely
  that you ...'
*ἀνθίσταμαι
  (ἀντιστα-) withstand
  (+dat.)
ἀντέχομαι cling to (+gen.)
  (i.e. set about)
*ἀποστέλλω
  (ἀποστειλ-) dispatch;
  banish
δόκιμος ον esteemed
ἐντεταμένως vehemently,
  vigorously
ἐπεύχομαι pray to, make a

vow to (+dat.)
καταισχύνω dishonour, put
  to shame
λέλογχα be the tutelary deity
  (of a place), protect
*μεταπέμπομαι summon, send
  for
ξυνός ή όν common
οὐ μή (+subj.) there is no fear
  that
*πάρειμι be by x (dat.), be near
  x (dat.)
Πέρσῃσι by the Persians'
*n.b. agent here, as often after

perf. pass. verbs, expressed by
  dative
προαγορεύω order (sc. 'you')
προθυμίη, ἡ eagerness (1a)
  προθυμίην ἔχω be eager,
  zealous
*σπεύδω strive after, promote
  zealously, set going, hasten
σύμπας πασα παν
  (συμπαντ-) all together
χρηίζω desire x (gen.) of y
  (gen.)

Persian archers

Target passage: The battle of Thermopylai (*Histories* 7.56–238 (*pass.*))

Note: Sections **8–16**, with their Introduction, act as the introduction to this target.

Crossing into Europe

17 *Xerxes (who has already crossed the bridge of boats) watches his army crossing into Europe. One man's superstitious view of the event.* (56)

Ξέρξης δὲ ἐπεὶ διέβη ἐς τὴν Εὐρώπην, ἐθηεῖτο τὸν στρατὸν ὑπὸ   175
μαστίγων διαβαίνοντα. διέβη δὲ ὁ στρατὸς αὐτοῦ ἐν ἑπτὰ ἡμέρῃσι καὶ
ἑπτὰ εὐφρόνῃσι, ἐλινύσας οὐδένα χρόνον. ἐνθαῦτα λέγεται Ξέρξεω ἤδη
διαβεβηκότος τὸν Ἑλλήσποντον ἄνδρα εἰπεῖν Ἑλλησπόντιον· 'ὦ Ζεῦ, τί
δὴ ἀνδρὶ εἰδόμενος Πέρσῃ καὶ οὔνομα ἀντὶ Διὸς Ξέρξην θέμενος
ἀνάστατον τὴν Ἑλλάδα θέλεις ποιῆσαι, ἄγων πάντας ἀνθρώπους; καὶ   180
γὰρ ἄνευ τούτων ἐξῆν τοι ποιέειν ταῦτα.'

18 *Portents signifying disaster for the expedition are ignored by Xerxes.* (57–8¹)

ὡς δὲ διέβησαν πάντες, ἐς ὁδὸν ὁρμημένοισι τέρας σφι ἐφάνη
μέγα, τὸ Ξέρξης ἐν οὐδενὶ λόγῳ ἐποιήσατο καίπερ εὐσύμβλητον ἐόν·
ἵππος γὰρ ἔτεκε λαγόν. εὐσύμβλητον ὦν τῇδε ἐγένετο, ὅτι ἔμελλε μὲν
ἐλᾶν στρατιὴν ἐπὶ τὴν Ἑλλάδα Ξέρξης ἀγαυρότατα καὶ   185
μεγαλοπρεπέστατα, ὀπίσω δὲ περὶ ἑωυτοῦ τρέχων ἥξειν ἐς τὸν αὐτὸν
χῶρον. ἐγένετο δὲ καὶ ἕτερον αὐτῷ τέρας ἐόντι ἐν Σάρδισι· ἡμίονος γὰρ
ἔτεκε ἡμίονον διξὰ ἔχουσαν αἰδοῖα, τὰ μὲν ἔρσενος, τὰ δὲ θηλέης·
κατύπερθε δὲ ἦν τὰ τοῦ ἔρσενος. τῶν ἀμφοτέρων λόγον οὐδένα
ποιησάμενος τὸ πρόσω ἐπορεύετο, σὺν δέ οἱ ὁ πεζὸς στρατός.   190

Xerxes and Demaratos at Doriskos

(The crossing complete, the fleet sails round the coast and the army marches overland to Doriskos in Thrace. Here the army is counted and then marshalled by nation. Herodotos gives an account of the various contingents present, their modes of dress and fighting.)

ἀγαυρός ά όν proud, stately
αἰδοῖα, τά genitals (2b)
ἀνάστατος ον ruined, laid
  waste
διξός ή όν double, two sets of
εἴδομαι be like (+ dat.)
ἐλάω drive
ἐλινύω take rest
Ἑλλησπόντιος a ον of the
  Hellespont
ἐν λόγῳ ποιέομαι consider
  of importance

λογον ποιέομαι make account
  of x (gen.), set value on x
  (gen.)
ἑπτά seven
ἔρσην (ἐρσεν-), ὁ male (3a)
εὐσύμβλητος ον easy to
  divine, easy to understand
εὐφρόνη, ἡ night (1a)
θῆλυς θήλεα θῆλυ female
κατύπερθε above, on top
λαγός, ὁ hare (2a)
*μάστιξ (μαστιγ-), ἡ whip,

scourge (3a)
μεγαλοπρεπής ές magnificent
περὶ ἑαυτοῦ τρέχων running
  for his life
Σάρδιες, αἱ Sardis (capital of
  Lydia)
*τέρας, τό (τερατ-) portent,
  sign, wonder, marvel;
  monster (3b)
ὡς when

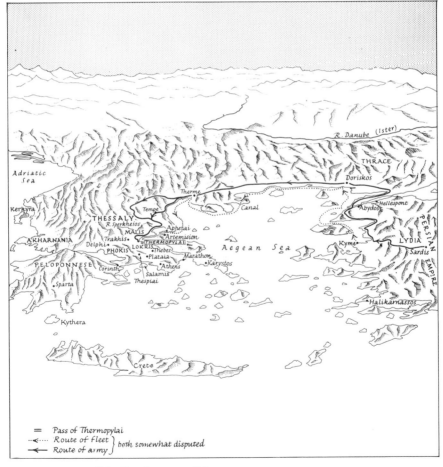

Route of the Persian expedition

19 *Xerxes reviews the land army from a chariot and the fleet from a ship. The answers given to his questions are noted down. (100)*

Ξέρξης δέ, ἐπεὶ ἠριθμήθη τε καὶ διετάχθη ὁ στρατός,
ἐπεθύμησε αὐτός σφεας διεξελάσας θεήσασθαι. μετὰ δὲ ἐποίεε ταῦτα,
καὶ διεξελαύνων ἐπὶ ἅρματος παρὰ ἔθνος ἓν ἕκαστον ἐπυνθάνετο, καὶ
ἀπέγραφον οἱ γραμματισταί, ἕως ἐξ ἐσχάτων ἐς ἔσχατα ἀπίκετο καὶ τῆς
ἵππου καὶ τοῦ πεζοῦ. ὡς δὲ ταῦτά οἱ ἐπεποίητο, τῶν νεῶν   195
κατελκυσθεισέων ἐς θάλασσαν, ἐνθαῦτα ὁ Ξέρξης μετεκβὰς ἐκ τοῦ
ἅρματος ἐς νέα Σιδωνίην ἵζετο ὑπὸ σκηνῇ χρυσέῃ καὶ παρέπλεε παρὰ
τὰς πρῴρας τῶν νεῶν, ἐπειρωτῶν τε ἑκάστας ὁμοίως καὶ τὸν πεζὸν καὶ
ἀπογραφόμενος. τὰς δὲ νέας οἱ ναύαρχοι ἀναγαγόντες ὅσον τε τέσσερα
πλέθρα ἀπὸ τοῦ αἰγιαλοῦ ἀνεκώχευον, τὰς πρῴρας ἐς γῆν τρέψαντες   200
πάντες μετωπηδὸν καὶ ἐξοπλίσαντες τοὺς ἐπιβάτας ὡς ἐς πόλεμον. ὁ δ᾽
ἐντὸς τῶν πρωρέων πλέων ἐθηεῖτο καὶ τοῦ αἰγιαλοῦ.

20 *Xerxes calls Demaratos, the exiled king of Sparta (taken in by Dareios and now joining Xerxes' expedition) and asks: 'Will the Greeks fight?' (101¹⁻³)*

ὡς δὲ καὶ ταύτας διεξέπλωσε καὶ ἐξέβη ἐκ τῆς νεός,
μετεπέμψατο Δημάρητον τὸν Ἀρίστωνος συστρατευόμενον αὐτῷ ἐπὶ
τὴν Ἑλλάδα, καλέσας δ᾽ αὐτὸν εἴρετο τάδε· Δημάρητε, νῦν μοι σὲ ἡδύ   205
τι ἐστὶ εἰρέσθαι τὰ θέλω. σὺ εἶς Ἕλλην τε, καὶ ὡς ἐγὼ πυνθάνομαι σεῦ
τε καὶ τῶν ἄλλων Ἑλλήνων τῶν ἐμοὶ ἐς λόγους ἀπικνεομένων, πόλιος
οὔτ᾽ ἐλαχίστης οὔτ᾽ ἀσθενεστάτης. νῦν ὦν μοι τόδε φράσον, εἰ Ἕλληνες
ὑπομενέουσι χεῖρας ἐμοὶ ἀνταειρόμενοι. οὐ γάρ, ὡς ἐγὼ δοκέω, οὐδ᾽ εἰ
πάντες Ἕλληνες καὶ οἱ λοιποὶ οἱ πρὸς ἑσπέρης οἰκέοντες ἄνθρωποι   210
συλλεχθείησαν, οὐκ ἀξιόμαχοί εἰσι ἐμὲ ἐπιόντα ὑπομεῖναι, μὴ ἐόντες
ἄρθμιοι. ἐθέλω μέντοι καὶ τὸ ἀπὸ σεῦ, ὁκοῖόν τι λέγεις περὶ αὐτῶν,
πυθέσθαι.᾽

αἰγιαλός, ὁ sea-shore, beach
  (2a)
ἀνάγω (ἀναγαγ-) put x (acc.)
  to sea
ἀνακωχεύω hold back, keep

(sc. 'riding at anchor')
*ἀξιόμαχος ον sufficient in
  strength to (+inf.); a match
  for x (dat. or πρός +acc.) in
  war

ἀπογράφω enter in a list,
  register
  -ομαι have written down
  (sc. 'the information')
ἄρθμιος α ον united, leagued

together

ἀριθμέω number, count

'Αρίστων ('Αρίστων-), ὁ Ariston (3a)

ἅρμα, τό chariot (3b)

γραμματιστής, ὁ clerk, registrar (1d)

*Δημάρητος, ὁ Demaratos (2a) (*exiled King of Sparta*)

διατάσσω draw up

διεκπλώω sail out through

διεξελαύνω (διεξελασ-) ride through

*ἐλάχιστος η ον smallest, least; shortest; fewest

ἐξ ἐσχάτων ἐς ἔσχατα from one end to the other

ἐξοπλίζω arm completely

*ἐπειρωτάω ask a question

about x (acc.); consult, inquire of (=ἐπερωτάω)

ἐπιβάτης, ὁ marine, fighting man (1d)

ἑσπέρη, ἡ the west (1a)

ἵππος, ἡ cavalry (2a)

κατέλκω launch (aor. pass. stem κατελκυσο-)

μετά afterwards (adv.)

μετεκβαίνω (μετεκβα-) go from x (ἐκ +gen.) into y (ἐς +acc.)

μετωπηδόν in line

μὴ ἐόντες 'if they were not…'

ναύαρχος, ὁ commander of the fleet, admiral (2a)

νέα =ναῦν

νεός =νεώς

ὁμοίως καί 'in the same way

as' (sc. 'he had asked about')

ὅσον τε as far as

πλέθρον, τό plethron (2b) (*a measure of c. 100 ft*)

πόλιος =πόλεως

πρός (+gen.) in

πρῶρα, ἡ prow (1b)

Σιδώνιος α ον from Sidon

σκηνή, ἡ awning (1a)

*τέσσερες α four

τὸ ἀπὸ σεῦ sc. 'opinion'

*ὑπομένω dare to x (nom. part.); await (x's attack); submit to; stand firm (fut. ὑπομενέω)

χεῖρας ἀνταείρομαι raise hands against x (dat.)

A royal chariot

Dareios in his royal chariot

21 *Demaratos: 'They will not endure slavery, and will fight you however small their numbers.' (101³–102)*

ὁ μὲν ταῦτα εἰρώτα, ὁ δὲ ὑπολαβὼν ἔφη· 'βασιλεῦ, κότερα
ἀληθείῃ χρήσωμαι πρὸς σὲ ἢ ἡδονῇ;' ὁ δέ μιν ἀληθείῃ χρήσασθαι   215
ἐκέλευε, φὰς οὐδέν οἱ ἀηδέστερον ἔσεσθαι ἢ πρότερον ἦν. ὡς δὲ ταῦτα
ἤκουσε Δημάρητος, ἔλεγε τάδε· 'βασιλεῦ, ἐπειδὴ ἀληθείῃ διαχρήσασθαι
πάντως κελεύεις – ταῦτα λέγοντα τὰ μὴ ψευδόμενός τις ὕστερον ὑπὸ σεῦ
ἁλώσεται – τῇ Ἑλλάδι πενίη μὲν αἰεί κοτε σύντροφός ἐστι, ἀρετὴ δὲ
ἔπακτός ἐστι, ἀπό τε σοφίης κατεργασμένη καὶ νόμου ἰσχυροῦ· τῇ   220
διαχρεωμένη ἡ Ἑλλὰς τήν τε πενίην ἀπαμύνεται καὶ τὴν δεσποσύνην.
αἰνέω μέν νυν πάντας τοὺς Ἕλληνας τοὺς περὶ ἐκείνους τοὺς Δωρικοὺς
χώρους οἰκημένους, ἔρχομαι δὲ λέξων οὐ περὶ πάντων τούσδε τοὺς
λόγους, ἀλλὰ περὶ Λακεδαιμονίων μούνων, πρῶτα μὲν ὅτι οὐκ ἔστι
ὅκως κοτὲ σοὺς δέξονται λόγους δουλοσύνην φέροντας τῇ Ἑλλάδι, αὖτις   225
δὲ ὡς ἀντιώσονταί τοι ἐς μάχην καὶ ἢν οἱ ἄλλοι Ἕλληνες πάντες τὰ σὰ
φρονέωσι. ἀριθμοῦ δὲ πέρι μὴ πύθῃ ὅσοι τινὲς ἐόντες ταῦτα ποιέειν οἷοί
τέ εἰσι· ἤν τε γὰρ τύχωσι ἐξεστρατευμένοι χίλιοι, οὗτοι μαχήσονταί τοι,
ἤν τε ἐλάσσονες τούτων, ἤν τε καὶ πλεῦνες.'

22 *Xerxes: 'Numbers are of the essence. Will you fight ten men? If the Greeks were ruled by one man they might, under compulsion, fight against great odds. But free men will never act thus.' (103)*

ταῦτα ἀκούσας Ξέρξης γελάσας ἔφη· 'Δημάρητε, οἷον ἐφθέγξαο   230
ἔπος, ἄνδρας χιλίους στρατιῇ τοσῇδε μαχήσεσθαι. ἄγε, εἰπέ μοι, σὺ φῂς
τούτων τῶν ἀνδρῶν βασιλεὺς αὐτὸς γενέσθαι. σὺ ὦν ἐθελήσεις αὐτίκα
μάλα πρὸς ἄνδρας δέκα μάχεσθαι; καίτοι εἰ τὸ πολιτικὸν ὑμῖν πᾶν ἐστι
τοιοῦτον οἷον σὺ διαιρέεις, σέ γε τὸν κείνων βασιλέα πρέπει πρὸς τὸ
διπλήσιον ἀντιτάσσεσθαι κατὰ νόμους τοὺς ὑμετέρους. εἰ γὰρ κείνων   235
ἕκαστος δέκα ἀνδρῶν τῆς στρατιῆς τῆς ἐμῆς ἀντάξιός ἐστι, σὲ δέ γε
δίζημαι εἴκοσι εἶναι ἀντάξιον· καὶ οὕτω μὲν ὀρθοῖτ' ἂν ὁ λόγος ὁ παρὰ
σεῦ εἰρημένος. εἰ δὲ τοιοῦτοί τε ἐόντες καὶ μεγάθεα τοσοῦτοι, ὅσοι σύ τε
καὶ οἳ παρ' ἐμὲ φοιτῶσι Ἑλλήνων ἐς λόγους, αὐχέετε τοσοῦτον, ὅρα μὴ
μάτην κόμπος ὁ λόγος οὗτος εἰρημένος ᾖ. ἐπεὶ φέρε ἴδω παντὶ τῷ   240
οἰκότι· κῶς ἂν δυναίατο χίλιοι ἢ καὶ μύριοι ἢ καὶ πεντακισμύριοι, ἐόντες
γε ἐλεύθεροι πάντες ὁμοίως καὶ μὴ ὑπ' ἑνὸς ἀρχόμενοι, στρατῷ τοσῷδε
ἀντιστῆναι; ἐπεί τοι πλεῦνες περὶ ἕνα ἕκαστον γινόμεθα ἢ χίλιοι, ἐόντων
ἐκείνων πέντε χιλιάδων. ὑπὸ μὲν γὰρ ἑνὸς ἀρχόμενοι κατὰ τρόπον τὸν

ἡμέτερον γενοίατ' ἂν δειμαίνοντες τοῦτον καὶ παρὰ τὴν ἑωυτῶν φύσιν   245
ἀμείνονες καὶ ἴοιεν ἀναγκαζόμενοι μάστιγι ἐς πλεῦνας ἐλάσσονες ἐόντες·
ἀνειμένοι δὲ ἐς τὸ ἐλεύθερον οὐκ ἂν ποιέοιεν τούτων οὐδέτερα. δοκέω δὲ
ἔγωγε καὶ ἀνισωθέντας πλήθεϊ χαλεπῶς ἂν Ἕλληνας Πέρσῃσι μούνοισι
μάχεσθαι. ἀλλὰ παρ' ἡμῖν τοῦτό ἐστι τὸ σὺ λέγεις, ἔστι γε μέντοι οὐ
πολλὸν ἀλλὰ σπάνιον· εἰσὶ γὰρ Περσέων τῶν ἐμῶν αἰχμοφόρων οἳ   250
ἐθελήσουσι Ἑλλήνων ἀνδράσι τρισὶ ὁμοῦ μάχεσθαι· τῶν σὺ ἐὼν ἄπειρος
πολλὰ φλυηρέεις.'

ἀηδής ἐς unpleasant
*αἰνέω approve, praise;
  recommend, advise
αἰχμοφόρος ον spearman
ἀνίεμαι give oneself up
  (to) (ἐς +acc.) (perf. pass.
  ἀνειμένος)
ἀνισόω balance, equalise in x
  (dat.)
ἀντάξιος α ον worth as much
  as x (gen.)
ἀντιτάσσομαι be drawn up
  against (πρός +acc.)
ἀντιόομαι oppose x (dat.) in y
  (ἐς +acc.)
ἀπαμύνομαι drive back, keep
  away from oneself
*ἀριθμός, ὁ number, amount;
  quantity (2a)
αὖτις δέ and secondly
αὐχέω boast, plume oneself
γενοίατο = γένοιντο
  *-οιατο = -οιντο 3rd pl. opt.
δειμαίνω fear
δεσποσύνη, ἡ despotism (1a)
διαιρέω define expressly
*διαχράομαι use x (dat.)
  constantly, use x (dat.)
  habitually
δίζημαι demand, require

διπλήσιος η ον double
δουλοσύνη, ἡ slavery (1a)
Δωρικός ή όν Doric
ἐκστρατεύομαι take the field
ἔπακτος ον acquired
ἐπεί for
κατὰ νόμους τοὺς
  ὑμετέρους (Spartan kings
  were given a double portion at
  feasts)
*κατεργάζομαι acquire,
  achieve; conquer; till,
  cultivate
κόμπος, ὁ boast, vaunt (2a)
λέγοντα sc. ἐμὲ after κελεύες,
  agreeing with the participle
μάτην in vain, idly
μεγαθέα 'in size'
*μύριοι αι α ten thousand
*μυρίος α ον numberless,
  countless, infinite
οἴκημαι I have been settled, I
  dwell (Ionic perf. pass. of
  οἰκέω)
ὁμοῦ together, at once
ὅρα μή beware that (+subj.)
ὀρθόομαι be right, be true
*οὐδέτερος α ον neither of two,
  not either
*οὐκ ἔστιν ὅπως (ὅκως) there

is no way that
παντὶ τῷ οἰκότι 'with
  reference to all that is likely'
πενίη, ἡ poverty (1a)
πεντακισμύριοι αι α fifty
  thousand
τὸ πολιτικόν community (2d)
πρέπει it is fitting for x (acc.)
  to y (inf.)
σπάνιος α ον scarce, rare
σύντροφος ον habitual to x
  (dat.), familiar to x (dat.)
τὰ σὰ φρονέω be on your side
τὰ ... τις ... ἁλώσεται 'in
  relation to which a man will
  be found to be'
*τοσόσδε τοσήδε τοσόνδε so
  great, so many
τοῦτον i.e. their monarch
*ὑπολαμβάνω (ὑπολαβ-) take
  up, answer; seize; assume,
  suppose
φθέγγομαι utter
*φλυηρέω (πολλά) talk (lot of)
  nonsense (=φλυαρέω)
φοιτέω come to x
  (παρά +acc.) for x purpose
  (ἐς +acc.)
*χιλιάς (χιλιαδ-), ἡ thousand
  (3a)

23 Demaratos: 'Necessity will make them fight. And their law besides forbids them to give in.' Xerxes scorns these opinions. (104–5)

πρὸς ταῦτα Δημάρητος λέγει· 'ὦ βασιλεῦ, ἀρχῆθεν ἠπιστάμην
ὅτι ἀληθείῃ χρεώμενος οὐ φίλα τοι ἐρέω. σὺ δὲ ἐπεὶ ἠνάγκασας λέγειν
τῶν λόγων τοὺς ἀληθεστάτους, ἔλεγον τὰ κατήκοντα Σπαρτιήτῃσι.   255
καίτοι ὡς ἐγὼ τυγχάνω τὰ νῦν τάδε ἐστοργὼς ἐκείνους, αὐτὸς μάλιστα
ἐξεπίσteai, οἵ με τιμήν τε καὶ γέρεα ἀπελόμενοι πατρώια ἄπολίν τε καὶ
φυγάδα πεποιήκασι, πατὴρ δὲ ὁ σὸς ὑποδεξάμενος βίον τέ μοι καὶ οἶκον
ἔδωκε. οὐκ ὦν οἰκός ἐστι ἄνδρα τὸν σώφρονα εὐνοίην φαινομένην
διωθέεσθαι, ἀλλὰ στέργειν μάλιστα. ἐγὼ δὲ οὔτε δέκα ἀνδράσι   260
ὑπίσχομαι οἷός τε εἶναι μάχεσθαι οὔτε δυοῖσι, ἑκών τε εἶναι οὐδ' ἂν
μουνομαχέοιμι. εἰ δὲ ἀναγκαίη εἴη ἢ μέγας τις ὁ ἐποτρύνων ἀγών,
μαχοίμην ἂν πάντων ἥδιστα ἑνὶ τούτων τῶν ἀνδρῶν οἳ Ἑλλήνων
ἕκαστός φησι τριῶν ἄξιος εἶναι. ὣς δὲ καὶ Λακεδαιμόνιοι κατὰ μὲν ἕνα
μαχόμενοι οὐδαμῶν εἰσι κακίονες ἀνδρῶν, ἁλέες δὲ ἄριστοι ἀνδρῶν   265
ἁπάντων. ἐλεύθεροι γὰρ ἐόντες οὐ πάντα ἐλεύθεροί εἰσι· ἔπεστι γάρ σφι
δεσπότης νόμος, τὸν ὑποδειμαίνουσι πολλῷ ἔτι μᾶλλον ἢ οἱ σοὶ σέ.
ποιεῦσι γῶν τὰ ἂν ἐκεῖνος ἀνώγῃ· ἀνώγει δὲ τὠυτὸ αἰεί, οὐκ ἐῶν
φεύγειν οὐδὲν πλῆθος ἀνθρώπων ἐκ μάχης, ἀλλὰ μένοντας ἐν τῇ τάξι
ἐπικρατέειν ἢ ἀπόλλυσθαι. σοὶ δὲ εἰ φαίνομαι ταῦτα λέγων φλυηρέειν, 270
ἀλλὰ σιγᾶν θέλω τὸ λοιπόν· νῦν δὲ ἀναγκασθεὶς ἔλεξα. γένοιτο μέντοι
κατὰ νόον τοι, βασιλεῦ.'
      ὁ μὲν δὴ ταῦτα ἀμείψατο, Ξέρξης δὲ ἐς γέλωτά τε ἔτρεψε καὶ οὐκ
ἐποιήσατο ὀργὴν οὐδεμίαν, ἀλλ' ἠπίως αὐτὸν ἀπεπέμψατο.

Athens, saviour of Greece

(Xerxes marches from Doriskos towards Greece, forcing the peoples in between to join him. The army drinks rivers dry as it goes. Many nations give earth and water as signs of submission. But Xerxes sends no heralds to Athens and Sparta, since they killed those whom Dareios had sent.)

24 Xerxes aims to conquer all Greece. Apprehension of those nations who have refused to submit to him. (138)

ἡ δὲ στρατηλασίη ἡ βασιλέος οὔνομα μὲν εἶχε ὡς ἐπ' Ἀθήνας   275
ἐλαύνει, κατίετο δὲ ἐς πᾶσαν τὴν Ἑλλάδα. πυνθανόμενοι δὲ ταῦτα πρὸ
πολλοῦ οἱ Ἕλληνες οὐκ ἐν ὁμοίῳ πάντες ἐποιεῦντο. οἱ μὲν γὰρ αὐτῶν
δόντες γῆν καὶ ὕδωρ τῷ Πέρσῃ εἶχον θάρσος ὡς οὐδὲν πεισόμενοι ἄχαρι

πρὸς τοῦ βαρβάρου· οἱ δὲ οὐ δόντες ἐν δείματι μεγάλῳ κατέστασαν, ἅτε
οὔτε νεῶν ἐουσέων ἐν τῇ Ἑλλάδι ἀριθμὸν ἀξιομάχων δέκεσθαι τὸν 280
ἐπιόντα, οὔτε βουλομένων τῶν πολλῶν ἀντάπτεσθαι τοῦ πολέμου,
μηδιζόντων δὲ προθύμως.

*ἀντάπτομαι = ἀνθάπτομαι
engage in x (gen.), grapple
with x (gen.), seize, attack
(+gen.)
ἀνώγω command, order
(usually ἄνωγα)
*γέλως (γελωτ-), ὁ laughter
(3a)
γέρας, τό prerogative (pl.
γέρεα, τά)
γῶν = γοῦν
διωθέομαι reject
ἑκών τε εἶναι 'and of my own
free will'
*ἐλαύνω (ἐλασ-) drive, go;
drive away, expel; strike,
force
ἐν ὁμοίῳ sc. 'manner'
*ἐξεπίσταμαι know
thoroughly, know well
*-εαι = ῃ (2nd s.)
ἔπεστι is set over (+dat.)
*ἐπικρατέω be victorious,

conquer; prevail over, be
superior to
ἐποτρύνω urge on, stir up
ἐστοργώς loving (perf. part.
of στέργω love)
ἠπίως gently, kindly
*θάρσος, τό courage,
confidence (3c)
κατήκων ουσα ον befitting,
meet, proper
τὰ κατήκοντα the duties of
x (dat.)
κατίημι send down
*μηδίζω side with Persians
μουνομαχέω fight in single
combat
νόον = νοῦν
οἱ . . . ἕκαστος i.e. 'each of
whom . . .'
*οὐδαμοί αἱ ά no one
οὐδὲν πλῆθος object of φεύγειν
οὔνομα ἔχω have the pretext
πάντα 'in everything'

πρὸ πολλοῦ a long time
before
*πρός (+gen.) at the hands of,
from
*Σπαρτιήτης, ὁ Spartan,
Spartiate (1d) (full citizen of
Sparta)
στέργω love
στρατηλασίη, ἡ expedition,
campaign (1a)
τὰ νῦν τάδε in present
circumstances
τάξις, ἡ place in the
battle-line (3e)
*τρέπω turn
τὠυτὸ = τὸ αὐτὸ
ὑπίσχομαι undertake,
promise
ὑποδειμαίνω stand in secret
awe of
*φυγας (φυγαδ-), ὁ exile;
runaway, fugitive (3a)

Hoplite formation – all together, in rank

25 Herodotus offers the opinion that Athens' decision to fight by sea was the Greeks' salvation. They could not have won by land alone. (139^{1-4})

ἐνθαῦτα ἀναγκαίη ἐξέργομαι γνώμην ἀποδέξασθαι ἐπίφθονον μὲν πρὸς τῶν πλεόνων ἀνθρώπων, ὅμως δέ, τῇ γέ μοι φαίνεται εἶναι ἀληθές, οὐκ ἐπισχήσω. εἰ ᾿Αθηναῖοι καταρρωδήσαντες τὸν ἐπιόντα   28$
κίνδυνον ἐξέλιπον τὴν σφετέρην, ἢ καὶ μὴ ἐκλιπόντες ἀλλὰ μείναντες
ἔδοσαν σφέας αὐτοὺς Ξέρξῃ, κατὰ τὴν θάλασσαν οὐδαμοὶ ἂν ἐπειρῶντο
ἀντιεύμενοι βασιλέϊ. εἰ τοίνυν κατὰ τὴν θάλασσαν μηδεὶς ἠντιοῦτο
Ξέρξῃ, κατά γε ἂν τὴν ἤπειρον τοιάδε ἐγίνετο. εἰ καὶ πολλοὶ τειχέων
κιθῶνες ἦσαν ἐληλαμένοι διὰ τοῦ ᾿Ισθμοῦ Πελοποννησίοισι,   29C
προδοθέντες ἂν Λακεδαιμόνιοι ὑπὸ τῶν συμμάχων οὐκ ἑκόντων ἀλλ᾿ ὑπ᾿
ἀναγκαίης, κατὰ πόλις ἁλισκομένων ὑπὸ τοῦ ναυτικοῦ στρατοῦ τοῦ
βαρβάρου, ἐμουνώθησαν, μουνωθέντες δὲ ἂν καὶ ἀποδεξάμενοι ἔργα
μεγάλα ἀπέθανον γενναίως. ἢ ταῦτα ἂν ἔπαθον, ἢ πρὸ τοῦ ὁρῶντες ἂν
καὶ τοὺς ἄλλους ῞Ελληνας μηδίζοντας ὁμολογίῃ ἂν ἐχρήσαντο πρὸς   29$
Ξέρξην. καὶ οὕτω ἂν ἐπ᾿ ἀμφότερα ἡ ῾Ελλὰς ἐγίνετο ὑπὸ Πέρσῃσι. τὴν
γὰρ ὠφελίην τὴν τῶν τειχέων τῶν διὰ τοῦ ᾿Ισθμοῦ ἐληλαμένων οὐ
δύναμαι πυθέσθαι ἥτις ἂν ἦν βασιλέος ἐπικρατέοντος τῆς θαλάσσης.

26 Athens was the saviour of Greece. And she was not diverted by the submission of others, nor by threatening oracles from Delphi. (139^{5-6})

νῦν δὲ ᾿Αθηναίους ἄν τις λέγων σωτῆρας γενέσθαι τῆς ῾Ελλάδος
οὐκ ἂν ἁμαρτάνοι τἀληθέος· οὗτοι γὰρ ἐπὶ ὁκότερα τῶν πρηγμάτων   300
ἐτράποντο, ταῦτα ῥέψειν ἔμελλε· ἑλόμενοι δὲ τὴν ῾Ελλάδα περιεῖναι
ἐλευθέρην, τὸ ῾Ελληνικὸν πᾶν τὸ λοιπόν, ὅσον μὴ ἐμήδισε, αὐτοὶ οὗτοι
ἦσαν οἱ ἐπεγείραντες καὶ βασιλέα μετά γε θεοὺς ἀνωσάμενοι. οὐδέ
σφεας χρηστήρια φοβερὰ ἐλθόντα ἐκ Δελφῶν καὶ ἐς δεῖμα βαλόντα
ἔπεισε ἐκλιπεῖν τὴν ῾Ελλάδα, ἀλλὰ καταμείναντες ἀνέσχοντο τὸν   30$
ἐπιόντα ἐπὶ τὴν χώρην δέξασθαι.

The battle begins

(According to Herodotus, the Greeks resolve to settle their differences and gather their strength. They fail to gain aid from Sicily, Crete and Kerkyra. The Thessalians ask the other Greeks to make their defence at Tempe, in their territory, but when the decision is made not to do so, they submit to the Persians. The decision is made to defend at the narrow pass of Thermopylai (by land), and at Artemision (by sea). The armament of the Persians arrives at Thermopylai. By

Herodotus' account it is more than 2½ million strong, only counting fighting men. But as the fleet approaches, 400 of the 1,200 or so Persian ships are lost in a bad storm. After the disaster they anchor at Aphetai. The Greek army numbers around 7,000. Leonidas, king of Sparta, is their commander. They have been sent merely as an advance party, as various festivals are due to be celebrated about this time and they do not consider the war will come to issue so quickly at Thermopylai.)

27 *Discussion as to whether to withdraw to the Isthmus or not. Leonidas votes to stay put. (207)*

οὗτοι μὲν δὴ οὕτω διενένωντο ποιήσειν· οἱ δὲ ἐν Θερμοπύλῃσι
Ἕλληνες, ἐπειδὴ πέλας ἐγένετο τῆς ἐσβολῆς ὁ Πέρσης,·καταρρωδέοντες
ἐβουλεύοντο περὶ ἀπαλλαγῆς. τοῖσι μέν νυν ἄλλοισι Πελοποννησίοισι
ἐδόκεε ἐλθοῦσι ἐς Πελοπόννησον τὸν Ἰσθμὸν ἔχειν ἐν φυλακῇ· Λεωνίδης   310
δὲ Φωκέων καὶ Λοκρῶν περισπερχθέντων τῇ γνώμῃ ταύτῃ αὐτοῦ τε
μένειν ἐψηφίζετο πέμπειν τε ἀγγέλους ἐς τὰς πόλιας κελεύοντάς σφι
ἐπιβοηθέειν, ὡς ἐόντων αὐτῶν ὀλίγων στρατὸν τὸν Μῆδων ἀλέξασθαι.

ἀλέκομαι keep off from oneself
ἄν τις λέγων 'if someone said . . .'
*ἀνέχομαι dare (to) (+inf.)
ἀντιόομαι resist, oppose (+dat.)
ἀνωθέομαι repel, repulse
ἀπαλλαγή, ἡ means of escape (1a)
αὐτοῦ in his place, here
γενναίως nobly
Δελφοί Delphi (2a)
διενένωντο they had planned (3rd pl. plup. of διανοέομαι)
*ἐκλείπω (ἐκλιπ-) desert, abandon; pass over; cease
ἐληλαμένοι =perf. pass. part. of ἐλαύνω
ἐξέργομαι be constrained, be compelled
ἐπ' ἀμφότερα on both counts
ἐπεγείρω rouse up
ἐπιβοηθέω come to aid x (dat.)

ἐπισχήσω =fut. of ἐπέχω
ἐπίφθονος ον odious, liable to envy
ἐσβολή, ἡ entrance, pass (1a)
Θερμοπύλαι, αἱ Thermopylai (1a) ('Gate of hot springs')
*Ἰσθμός, ὁ Isthmus (2a)
καταμένω (καταμειν-) stay
καταρρωδέω fear, dread
κιθών (κιθων-), ὁ covering (3a)
*Λεωνίδης, ὁ Leonidas (1d) (King of Sparta, c-in-c of combined Greek forces)
Λοκροί, οἱ Locrians (2a)
*Μῆδος, ὁ Persian; Mede (2a)
μουνόομαι be left alone, be forsaken
μουνωθέντες ἄν treat as a condition
ὀλίγων sc. 'too'
ὁμολογίη, ἡ terms of peace, surrender (1a)
οὗτοι the Persians

πέλας (+gen.) near
*Πελοποννήσιοι, οἱ the Peloponnesians (2a)
Πελοπόννησος, ἡ the Peloponnese (2a)
περισπέρχομαι be angered, be agitated
πόλιας =πόλεις (acc. pl.)
πόλις =πόλεις (acc. pl.)
πρὸ τοῦ long before
ῥέπω prevail
*σφέτερος η ον =σφέτερος a ον their own, their; his
τὴν σφετέρην sc. χώραν ταῦτα i.e. the side the Athenians took
*τῇ in so far as, since
Φωκέες, οἱ Phokians (3a)
χρηστήριον, τό oracular response (2b)
ὠφελίη, ἡ advantage, utility (1a)

28 *Xerxes sends a scout to the Greek camp. He reports seeing the Spartans engaged in exercising or in combing their hair. (208)*

ταῦτα βουλευομένων σφέων ἔπεμπε Ξέρξης κατάσκοπον ἱππέα
ἰδέσθαι ὁκόσοι εἰσὶ καὶ ὅ τι ποιέοιεν. ἀκηκόεε δὲ ἔτι ἐὼν ἐν Θεσσαλίῃ ὡς   315
ἁλισμένη εἴη ταύτῃ στρατιὴ ὀλίγη, καὶ τοὺς ἡγεμόνας ὡς εἴησαν
Λακεδαιμόνιοί τε καὶ Λεωνίδης, ἐὼν γένος Ἡρακλείδης. ὡς δὲ
προσήλασε ὁ ἱππεὺς πρὸς τὸ στρατόπεδον, ἐθηεῖτό τε καὶ κατώρα πᾶν
μὲν οὖ τὸ στρατόπεδον· τοὺς γὰρ ἔσω τεταγμένους τοῦ τείχεος, τὸ
ἀνορθώσαντες εἶχον ἐν φυλακῇ, οὐκ οἷά τε ἦν κατιδέσθαι· ὁ δὲ τοὺς ἔξω   320
ἐμάνθανε, τοῖσι πρὸ τοῦ τείχεος τὰ ὅπλα ἔκειτο. ἔτυχον δὲ τοῦτον τὸν
χρόνον Λακεδαιμόνιοι ἔξω τεταγμένοι. τοὺς μὲν δὴ ὥρα γυμναζομένους
τῶν ἀνδρῶν, τοὺς δὲ τὰς κόμας κτενιζομένους. ταῦτα δὴ θεώμενος
ἐθώμαζε καὶ τὸ πλῆθος ἐμάνθανε. μαθὼν δὲ πάντα ἀτρεκέως ἀπήλαυνε
ὀπίσω κατ' ἡσυχίην· οὔτε γάρ τις ἐδίωκε ἀλογίης τε ἐκύρησε πολλῆς·   325
ἀπελθών τε ἔλεγε πρὸς Ξέρξην τά περ ὀπώπεε πάντα.

29 *Xerxes asks Demaratos to explain the Spartan behaviour. Demaratos:
'It is their custom to prepare for battle thus. These are the best of the
Greeks: defeat them and no others will face you.' (209¹⁻⁴)*

ἀκούων δὲ Ξέρξης οὐκ εἶχε συμβαλέσθαι τὸ ἐόν, ὅτι
παρεσκευάζοντο ὡς ἀπολεόμενοί τε καὶ ἀπολέοντες κατὰ δύναμιν· ἀλλ',
αὐτῷ γελοῖα γὰρ ἐφαίνοντο ποιέειν, μετεπέμψατο Δημάρητον τὸν
Ἀρίστωνος, ἐόντα ἐν τῷ στρατοπέδῳ. ἀπικόμενον δέ μιν εἰρώτα Ξέρξης   330
ἕκαστα τούτων, ἐθέλων μαθεῖν τὸ ποιεύμενον πρὸς τῶν Λακεδαιμονίων.
ὁ δὲ εἶπε· ἤκουσας μὲν καὶ πρότερόν μευ, εὖτε ὁρμῶμεν ἐπὶ τὴν
Ἑλλάδα, περὶ τῶν ἀνδρῶν τούτων· ἀκούσας δὲ γέλωτά με ἔθευ λέγοντα
τῇ περ ὥρων ἐκβησόμενα πρήγματα ταῦτα. ἐμοὶ γὰρ τὴν ἀληθείην
ἀσκέειν ἀντία σεῦ, ὦ βασιλεῦ, ἀγὼν μέγιστός ἐστι. ἄκουσον δὲ καὶ νῦν.   335
οἱ ἄνδρες οὗτοι ἀπίκαται μαχησόμενοι ἡμῖν περὶ τῆς ἐσόδου καὶ ταῦτα
παρασκευάζονται. νόμος γάρ σφι οὕτω ἔχων ἐστί· ἐπεὰν μέλλωσι
κινδυνεύειν τῇ ψυχῇ, τότε τὰς κεφαλὰς κοσμέονται. ἐπίστασο δέ· εἰ
τούτους τε καὶ τὸ ὑπομένον ἐν Σπάρτῃ καταστρέψεαι, ἔστι οὐδὲν ἄλλο
ἔθνος ἀνθρώπων τὸ σέ, βασιλεῦ, ὑπομενέει χεῖρας ἀνταειρόμενον· νῦν   340
γὰρ πρὸς βασιληίην τε καλλίστην τῶν ἐν Ἕλλησι προσφέρεαι καὶ
ἄνδρας ἀρίστους.'

30 *Demaratos fails to convince Xerxes, who waits four days expecting them to flee. When they do not, he attacks, with no success. (209⁵–210)*

κάρτα τε δὴ Ξέρξη ἄπιστα ἐφαίνετο τὰ λεγόμενα καὶ δεύτερα
ἐπειρώτα ὄντινα τρόπον τοσοῦτοι ἐόντες τῇ ἑωυτοῦ στρατιῇ
μαχήσονται. ὁ δὲ εἶπε· 'ὦ βασιλεῦ, ἐμοὶ χρᾶσθαι ὡς ἀνδρὶ ψεύστῃ, ἢν μὴ   345
ταῦτά τοι ταύτῃ ἐκβῇ τῇ ἐγὼ λέγω.' ταῦτα λέγων οὐκ ἔπειθε τὸν
Ξέρξην. τέσσερας μὲν δὴ παρῆκε ἡμέρας, ἐλπίζων αἰεί σφεας
ἀποδρήσεσθαι· πέμπτῃ δέ, ὡς οὐκ ἀπαλλάσσοντο ἀλλά οἱ ἐφαίνοντο
ἀναιδείῃ τε καὶ ἀβουλίῃ διαχρεώμενοι μένειν, πέμπει ἐπ' αὐτοὺς
Μήδους τε καὶ Κισσίους θυμωθείς, ἐντειλάμενός σφεας ζωγρήσαντας   350
ἄγειν ἐς ὄψιν τὴν ἑωυτοῦ. ὡς δ' ἐσέπεσον φερόμενοι ἐς τοὺς Ἕλληνας οἱ

ἀβουλίη, ἡ ill-advisedness, thoughtlessness (1a)
ἀλίζω gather together
ἀλισμένη εἴη = 3rd s. perf. pass. opt. of ἀλίζω
ἀλογίη, ἡ disregard (1a)
ἀναιδείη, ἡ shamelessness (1a)
ἀνορθόω rebuild, restore
ἀντία = ἀντίον
*ἀπαλλάσσομαι = ἀπαλλάττομαι depart, go away; be set free from (+gen.)
*ἀπελαύνω (ἀπελασ-) ride away, depart; drive away, expel, exclude
ἀπίκαται = ἀφιγμένοι εἰσί
ἄπιστος ον incredible
ἀποδιδράσκω run away, flee (fut. ἀποδρήσομαι)
Ἀρίστων (Ἀριστων-), ὁ Ariston (3a)
ἀσκέω practise
βασιληίη, ἡ kingdom (1a)
γελοῖος α ον ludicrous, absurd
γέλωτα τίθεμαι make x (acc.) one's butt
γυμνάζομαι train, exercise
*ἐκβαίνω (ἐκβα-) turn out;

disembark; depart from
*ἔσοδος, ἡ entry, pass; entrance; right of entry (2a)
ἔσω (+gen.) inside, within
εὖτε when
ζωγρέω take captive, take alive
Ἡρακλείδης, ὁ descendant of Herakles, a Herakleid (1d)
Θεσσαλίη, ἡ Thessaly (1a)
*θυμόω make angry, provoke; (pass.) become angry with (+dat.)
θωμάζω = θαυμάζω
*ἱππεύς, ὁ horseman, cavalryman, rider (3g)
κατάσκοπος, ὁ scout, spy (2a)
κατώρα = καθέωρα
Κίσσιοι, οἱ Kissians (2a)
κόμη, ἡ hair (1a)
κοσμέομαι adorn
κτενίζομαι comb (one's hair)
*κυρέω meet with, find, hit, light upon (+gen. or dat.); happen, turn out
οἷά τε ἦν 'it was... possible'
ὀπώπεε 3rd s. perf. of ὁράω
ὁρμάω start, set out

*παρίημι (παρε-) let pass; pass by; relax; yield; allow; admit
πέμπτος η ον fifth (sc. 'day')
προσελαύνω (προσελασ-) ride towards, ride up
*προσφέρομαι (pass.) attack, assault (πρός + acc.); go towards; deal with
Σπάρτη, ἡ Sparta (1a)
*στρατόπεδον, τό camp; army (2b)
συμβάλλομαι (συμβαλ-) make out, understand
*τάσσω = τάττω draw up, station; appoint, order; place in order (perf. pass. part. τεταγμένος)
τῇ the way in which, in which
τοῖσι = 'whose'
φερόμενοι at a rush
χεῖρας ἀνταείρομαι resist
χρᾶσθαι 'treat' (inf. for imperative)
ψεύστης, ὁ liar (1d)

Μῆδοι, ἔπιπτον πολλοί, ἄλλοι δ' ἐπεσήισαν, καὶ οὐκ ἀπήλαυνον καίπερ
μεγάλως προσπταίοντες. δῆλον δ' ἐποίευν παντί τεῳ καὶ οὐκ ἥκιστα
αὐτῷ βασιλέϊ ὅτι πολλοὶ μὲν ἄνθρωποι εἶεν, ὀλίγοι δὲ ἄνδρες. ἐγίνετο δὲ
ἡ συμβολὴ δι' ἡμέρης.   355

31 *Wave upon wave of Persian troops attack the Greeks, but even the
finest of them cannot break through the narrow pass because of the
superiority of Spartan tactics.* (211–12¹)

ἐπείτε δὲ οἱ Μῆδοι τρηχέως περιείποντο, ἐνθαῦτα οὗτοι μὲν
ὑπεξήισαν, οἱ δὲ Πέρσαι ἐκδεξάμενοι ἐπήισαν, τοὺς ἀθανάτους ἐκάλεε
βασιλεύς, τῶν ἦρχε Ὑδάρνης, ὡς δὴ οὗτοί γε εὐπετέως κατεργασόμενοι.
ὡς δὲ καὶ οὗτοι συνέμισγον τοῖσι Ἕλλησι, οὐδὲν πλέον ἐφέροντο
τῆς στρατιῆς τῆς Μηδικῆς ἀλλὰ τὰ αὐτά, ἅτε ἐν στεινοπόρῳ τε   360
μαχόμενοι καὶ δόρασι βραχυτέροισι χρεώμενοι ἤ περ οἱ Ἕλληνες καὶ
οὐκ ἔχοντες πλήθεϊ χρήσασθαι. Λακεδαιμόνιοι δὲ ἐμάχοντο ἀξίως
λόγου, ἄλλα τε ἀποδεικνύμενοι ἐν οὐκ ἐπισταμένοισι μάχεσθαι
ἐξεπιστάμενοι, καὶ ὅκως ἐντρέψειαν τὰ νῶτα, ἁλέες φεύγεσκον δῆθεν, οἱ
δὲ βάρβαροι ὁρῶντες φεύγοντας βοῇ τε καὶ πατάγῳ ἐπήισαν, οἱ δ' ἂν   365
καταλαμβανόμενοι ὑπέστρεφον ἀντίοι εἶναι τοῖσι βαρβάροισι,
μεταστρεφόμενοι δὲ κατέβαλλον πλήθεϊ ἀναριθμήτους τῶν Περσέων·
ἔπιπτον δὲ καὶ αὐτῶν τῶν Σπαρτιητέων ἐνθαῦτα ὀλίγοι. ἐπεὶ δὲ οὐδὲν
ἐδυνέατο παραλαβεῖν οἱ Πέρσαι τῆς ἐσόδου πειρώμενοι καὶ κατὰ τέλεα
καὶ παντοίως προσβάλλοντες, ἀπήλαυνον ὀπίσω. ἐν ταύτῃσι τῇσι   370
προσόδοισι τῆς μάχης λέγεται βασιλέα θηεύμενον τρὶς ἀναδραμεῖν ἐκ
τοῦ θρόνου, δείσαντα περὶ τῇ στρατιῇ.

ἁλέες sc. 'and . . .'	*δόρυ (δορατ-), τό spear; tree	νῶτον, τό back (2b)
ἀναρίθμητος ον countless	(3b)	παντοίως variously, in every
ἀνατρέχω (ἀναδραμ-) jump	*-εατο can = 3rd pl. past	way
up, start up	ἐνδυνέατο = ἐδύναντο	παραλαμβάνω
ἀντίος a ον face to face with	ἐντρέπω turn about	(παραλαβ-) take by force,
ἀντίοι εἶναι to face x	ἐπέσειμι come in besides	seize
(+ dat.)	εὐπετέως easily	πάταγος, ὁ clashing (of army)
ἀξίως λόγου lit. 'in a manner	*ἔχω be able (to) (+ inf.)	(2a)
worthy of note'	θρόνος, ὁ throne (2a)	περιέπω treat, handle
*δείδω be alarmed, be	καταβάλλω kill	*πρόσοδος, ἡ onset (2a)
anxious	μεταστρέφομαι turn about,	προσπταίω suffer defeat
δῆθεν as they pretended	turn round	

στεινόπορον, τό strait (2b)
*συμβολή, ἡ encounter,
  engagement; meeting,
  joining (1a)
τέλεα, τά squadrons (3c)

τεῳ = τινι
τρηχέως roughly
*τρίς three times
Ὑδάρνης, ὁ Hydarnes (1d)
*ὑπέξειμι withdraw

gradually, disappear
ὑποστρέφω turn about
φέρομαι gain the advantage
φεύγεσκον: -εσκον implies
  habitual and repeated action

The pass of Thermopylai

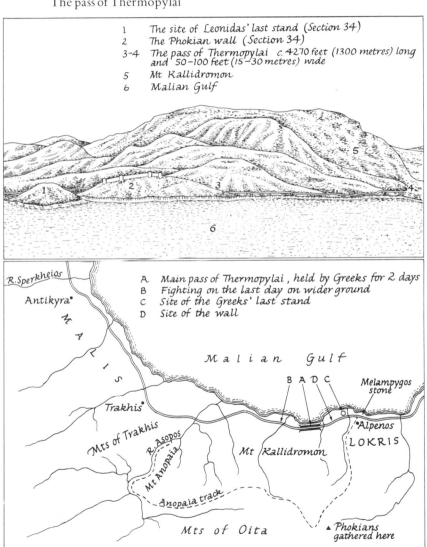

1   The site of Leonidas' last stand (Section 34)
2   The Phokian wall (Section 34)
3-4 The pass of Thermopylai c. 4270 feet (1300 metres) long
     and 50–100 feet (15–30 metres) wide
5   Mt Kallidromon
6   Malian Gulf

A   Main pass of Thermopylai, held by Greeks for 2 days
B   Fighting on the last day on wider ground
C   Site of the Greeks' last stand
D   Site of the wall

General area of Thermopylai

Ephialtes helps Xerxes out of his dilemma (212–18)

Next day the battle was renewed, but the barbarians had no better success than before. The Greeks were so few that the barbarians hoped to find them too badly wounded to be able to offer further resistance, and so they attacked them again. But the Greeks were drawn up in detachments by cities, and bore the brunt of the fighting in turns – all except the Phokians, who had been stationed on the mountain to guard the pathway. So, when the Persians found no difference between that day and the previous one, they again retreated to their quarters.

Now as the king had no idea how to deal with the emergency and was in a terrible dilemma, Ephialtes, the son of Eurydemos, a man of Malis, came to him and was admitted into his presence. Excited by the hope of receiving a handsome reward from the king, he told him about the pathway which led across the mountain to Thermopylai – a disclosure which resulted in the destruction of the band of Greeks who were awaiting the barbarian onslaught. This Ephialtes afterwards fled to Thessaly from fear of the Lakedaimonians; and during his exile, in an assembly of the Amphiktyons held at Pylai, he had a price set on his head by the Pylagorai. After some time he returned from exile and went to Antikyra, where he was murdered by Athenades, a native of Trakhis. Athenades did not kill him for his treachery, but for another reason which I shall explain in a later part of my history: yet the Lakedaimonians still honoured him for all that. So Ephialtes died, a long time afterwards.

Besides this, there is another story told, which I do not believe for one moment – that one Onetas, the son of Phanagoras, a native of Karystos, and Korydallos, a man of Antikyra, were the persons who spoke on this matter to the king, and took the Persians across the mountain. One may guess which story is true, from the fact that the deputies of the Greeks, the Pylagorai, who must have had the best means of ascertaining the truth, did not offer the reward against the lives of Onetas and Korydallos, but against that of Ephialtes of Trakhis; and again, from the escape of Ephialtes, which we know to have been on this account. Onetas, I agree, might have known the path, if he had lived much in that part of the country (though he was not a Malian); but as Ephialtes was the person who actually led the Persians round the mountain by the pathway, I leave his name on record as that of the guilty party.

Xerxes was overjoyed at this information; and as he was in complete agreement with the enterprise which Ephialtes intended to accomplish, he immediately dispatched Hydarnes and the Persians under him to do the job. The troops left the camp at about the time of the lighting of the lamps. The path they took was first discovered by the Malians of these parts, who later led the Thessalians along it to attack the Phokians after the Phokians had protected themselves with a wall against an attack through the pass. So long, then, has the path been put to treacherous use by the Malians.

The course which the path takes is as follows: beginning at the Asopos, where the river runs through the gorge in the hills, it runs along the ridge of the mountain (called, like the path, Anopaia), and ends at the city of Alpenos – the first Lokrian town as you come from Malis – near the stone named Melampygos and the seats of the Kerkopians. This is its narrowest point.

The Persians took this path and, crossing the Asopos, marched throughout the night, keeping the mountains of Oita on their right, and those of Trakhis on their left. At dawn, they found themselves close to the summit. Now this point on the mountain was guarded, as I have already said, by a thousand Phokian soldiers, who were placed there to defend the pathway and guard their own country. They had been given this position, while the other Greeks defended the pass below, because they had volunteered for service here to Leonidas.

The Phokians learned of the ascent of the Persians as follows: on their way up the mountain, through the heavily wooded oak-forest, the Persians remained quite unnoticed. But the air was very still, and the leaves which the Persians stirred with their feet made, as one would expect, a loud rustling. At this the Phokians jumped up and ran to put on their battle-gear. The barbarians were on them at once, but were extremely surprised to see men in the act of arming themselves, since they had expected to meet no opposition. Hydarnes, afraid that they might be Lakedaimonians, asked Ephialtes the nationality of the troops. When he heard the truth, he drew the Persians up for battle. The Phokians, exposed to heavy archery fire and imagining they were the special object of the Persian attack, fled to the highest point of the mountain and prepared to die. While that was their expectation, the Persians under Hydarnes and Ephialtes ignored them completely and moved on down the mountain with all speed.

The seer Megistias foresees what will happen. Leonidas sends away most of the army. (219–22)

The Greeks at Thermopylai received the first warning of the destruction which the dawn would bring them from the seer Megistias, who read their fate in the sacrificial victims. After this deserters came in and brought the news of the Persians' march round the mountain (it was still night when these men arrived). Last of all the scouts came running down from the heights, at about daybreak, with exactly the same news. The Greeks at once went into consultation, but opinions were divided: some were strongly against leaving their position, but others opposed this view. When the council broke up, part of the troops left and went their various ways home, but part prepared to stay there with Leonidas.

It is said that Leonidas himself dismissed the troops who departed, to save them from being killed, but did not consider it honourable for either himself or his Spartan troops to leave the position they had been specially sent to defend. For my own part, I incline to the view that Leonidas gave the order because he realised the allies lacked the will to go through with it with him, and so told them to depart: but he himself could not go back with honour. By staying on, he left a great reputation behind him, and Sparta did not lose her prosperity. For when the Spartans, at the very start of the war, sent to consult the oracle about it, the answer which they received from the Pythian priestess was 'that either Sparta must be overthrown by the barbarians, or one of her kings must perish'. The prophecy, in hexameters, ran as follows:

'O ye men who dwell in the streets of broad Lakedaimon!

Either your glorious town shall be sacked by the children of Perseus,

Or, in exchange, must all, through the whole Lakonian country,

Mourn for the loss of a king, descendant of great Herakles.

He cannot be withstood by the courage of bulls nor of lions,

Strive as they may; he is mighty as Zeus; there is nought that shall stay him,

Till he have got for his prey your king, or your glorious city.'

The consideration of this answer, I think, and the wish to secure the whole glory for the Spartans, caused Leonidas to send the allies away. This is more likely than that they quarrelled with him and left in disorder. To me it seems no small argument in favour of this view that the seer also who accompanied the army, Megistias, the Akarnanian – said to have been of the blood of Melampos, and the man who originally warned the Greeks of their impending danger through his sacrifices – received orders to leave (as he certainly did) from Leonidas, so that he might not die with him. Megistias, however, though instructed to leave, refused, and stayed with the army. But he did send away his only son, who was serving in the army at that time. So the allies retreated on Leonidas' command and left. Only the Thespians and Thebans remained with the Spartans; and of these the Thebans were kept back by Leonidas as hostages, very much against their will. The Thespians, on the contrary, stayed entirely of their own free will, refusing to retreat and declaring that they would not abandon Leonidas and those with him. So they stayed, and died with them. Their leader was Demophilos, the son of Diadromes.

The Greeks are defeated

32 *Xerxes attacks. The Spartans fight with reckless courage in the wider part of the pass. Many Persians die. (223)*

Ξέρξης δὲ ἐπεὶ ἡλίου ἀνατείλαντος σπονδὰς ἐποιήσατο,
ἐπισχὼν χρόνον ἐς ἀγορῆς κου μάλιστα πληθώρην πρόσοδον ἐποιέετο·
καὶ γὰρ ἐπέσταλτο ἐξ Ἐπιάλτεω οὕτω· ἀπὸ γὰρ τοῦ ὄρεος ἡ κατάβασις   375
συντομωτέρη τέ ἐστι καὶ βραχύτερος ὁ χῶρος πολλὸν ἤ περ ἡ περίοδός
τε καὶ ἀνάβασις. οἵ τε δὴ βάρβαροι οἱ ἀμφὶ Ξέρξην προσήισαν καὶ οἱ
ἀμφὶ Λεωνίδην Ἕλληνες, ὡς τὴν ἐπὶ θανάτῳ ἔξοδον ποιεύμενοι, ἤδη
πολλῷ μᾶλλον ἤ κατ' ἀρχὰς ἐπεξήισαν ἐς τὸ εὐρύτερον τοῦ αὐχένος. τὸ
μὲν γὰρ ἔρυμα τοῦ τείχεος ἐφυλάσσετο, οἱ δὲ ἀνὰ τὰς προτέρας ἡμέρας   380

ὑπεξιόντες ἐς τὰ στεινόπορα ἐμάχοντο. τότε δὲ συμμίσγοντες ἔξω τῶν
στεινῶν ἔπιπτον πλήθεϊ πολλοὶ τῶν βαρβάρων· ὄπισθε γὰρ οἱ ἡγεμόνες
τῶν τελέων ἔχοντες μάστιγας ἐρράπιζον πάντα ἄνδρα, αἰεὶ ἐς τὸ πρόσω
ἐποτρύνοντες. πολλοὶ μὲν δὴ ἐσέπιπτον αὐτῶν ἐς τὴν θάλασσαν καὶ
διεφθείροντο, πολλῷ δ' ἔτι πλεῦνες κατεπατέοντο ζωοὶ ὑπ' ἀλλήλων· ἦν   385
δὲ λόγος οὐδεὶς τοῦ ἀπολλυμένου. ἅτε γὰρ ἐπιστάμενοι τὸν μέλλοντα
σφίσι ἔσεσθαι θάνατον ἐκ τῶν περιιόντων τὸ ὄρος, ἀπεδείκνυντο ῥώμης
ὅσον εἶχον μέγιστον ἐς τοὺς βαρβάρους, παραχρεώμενοί τε καὶ ἀτέοντες.

33 Death of Leonidas. The best of the Persians. Struggle over Leonidas'
     body. (224–5[1])

δόρατα μέν νυν τοῖσι πλέοσι αὐτῶν τηνικαῦτα ἤδη ἐτύγχανε
κατεηγότα, οἱ δὲ τοῖσι ξίφεσι διεργάζοντο τοὺς Πέρσας. καὶ Λεωνίδης   390
τε ἐν τούτῳ τῷ πόνῳ πίπτει ἀνὴρ γενόμενος ἄριστος, καὶ ἕτεροι μετ'
αὐτοῦ ὀνομαστοὶ Σπαρτιητέων, τῶν ἐγὼ ὡς ἀνδρῶν ἀξίων γενομένων
ἐπυθόμην τὰ οὐνόματα, ἐπυθόμην δὲ καὶ ἁπάντων τῶν τριηκοσίων. καὶ

---

*ἀμφί (+acc.) about, around
ἀνάβασις, ἡ ascent (3e)
ἀνατέλλω (ἀνατειλ-) rise
ἀτέω be demented, reckless
αὐχήν (αὐχεν-), ὁ mountain
   pass, defile (3a)
διεργάζομαι kill
ἔξοδος, ἡ marching out (2a)
ἐπέξειμι march out
*'Επιάλτης, ὁ Ephialtes (1d)
   (Malian traitor who showed
   Anopaia track to Xerxes)
ἐπιστέλλω command (3rd s.
   plup. pass. =ἐπέσταλτο
   'orders had been re-
   ceived . . .')
ἐποτρύνω urge on
*ἔρυμα, τό defence, wall,
   guard; safeguard (3b)
εὐρύς εῖα ύ wide, broad
   τό εὐρύτερον the broader

part
ζωός ή όν living, alive
κατάβασις, ἡ way down,
   descent (3e)
κατάγνυμαι be broken, (perf.
   part. κατεηγώς,
   (κατεηγοτ-))
καταπατέω trample
   underfoot
κου μάλιστα about
*λόγος account, reckoning
   (up), computation (2a)
*ξίφος, τό sword (3c)
ὀνομαστός ή όν famous, of
   note
ὄπισθε behind
ὅσον εἶχον μέγιστον 'the
   utmost they had of . . .'
παραχράομαι disregard, treat
   with contempt
παραχρεώμενοι 'fighting

without thought of life'
*περιέρχομαι (περιελθ-) go
   round
περίοδος, ἡ way round (2a)
πληθώρη, ἡ fullness (1a)
*πόνος, ὁ struggle; toil, labour;
   stress, distress, suffering (2a)
ῥαπίζω strike, thrash, flog
*ῥώμη, ἡ strength, force (1a)
σπονδαί, αἱ libations (1a)
στεινόπορα, τά narrows (2b)
*στεινός ή όν =στενός ή όν
   narrow, confined
*τὰ στεινά the narrows,
   straits (of a pass) (2b)
σύντομος ον short
τέλεα, τά squadrons (3c)
τηνικαῦτα at that time, then
τριηκόσιοι αι α three hundred
χρόνον 'for a time'

δὴ Περσέων πίπτουσι ἐνθαῦτα ἄλλοι τε πολλοὶ καὶ ὀνομαστοί, ἐν δὲ δὴ
καὶ Δαρείου δύο παῖδες, Ἀβροκόμης τε καὶ Ὑπεράνθης, ἐκ τῆς   39§
Ἀρτάνεω θυγατρὸς Φραταγούνης γεγονότες Δαρείῳ. ὁ δὲ Ἀρτάνης
Δαρείου μὲν τοῦ βασιλέος ἦν ἀδελφεός, Ὑστάσπεος δὲ τοῦ Ἀρσάμεος
παῖς· ὃς καὶ ἐκδιδοὺς τὴν θυγατέρα Δαρείῳ τὸν οἶκον πάντα τὸν ἑωυτοῦ
ἐπέδωκε, ὡς μούνου οἱ ἐούσης ταύτης τέκνου. Ξέρξεώ τε δὴ δύο
ἀδελφεοὶ ἐνθαῦτα πίπτουσι μαχόμενοι καὶ ὑπὲρ τοῦ νεκροῦ τοῦ   40ο
Λεωνίδεω Περσέων τε καὶ Λακεδαιμονίων ὠθισμὸς ἐγίνετο πολλός, ἐς ὃ
τοῦτόν τε ἀρετῇ οἱ Ἕλληνες ὑπεξείρυσαν καὶ ἐτρέψαντο τοὺς ἐναντίους
τετράκις.

34 The arrival of Ephialtes behind the Greek forces. The Spartans
withdraw to a hillock in the narrow part of the pass and die fighting
tooth and nail. (225^{1-3})

τοῦτο δὲ συνεστήκεε μέχρι οὗ οἱ σὺν Ἐπιάλτῃ παρεγένοντο. ὡς
δὲ τούτους ἥκειν ἐπύθοντο οἱ Ἕλληνες, ἐνθεῦτεν ἤδη ἑτεροιοῦτο τὸ   40§
νεῖκος· ἔς τε γὰρ τὸ στεινὸν τῆς ὁδοῦ ἀνεχώρεον ὀπίσω καὶ
παραμειψάμενοι τὸ τεῖχος ἐλθόντες ἵζοντο ἐπὶ τὸν κολωνὸν πάντες ἀλέες
οἱ ἄλλοι πλὴν Θηβαίων. ὁ δὲ κολωνός ἐστι ἐν τῇ ἐσόδῳ, ὅκου νῦν ὁ
λίθινος λέων ἕστηκε ἐπὶ Λεωνίδῃ. ἐν τούτῳ σφέας τῷ χώρῳ
ἀλεξομένους μαχαίρῃσι, τοῖσι αὐτῶν ἐτύγχανον ἔτι περιεοῦσαι, καὶ   41ο
χερσὶ καὶ στόμασι κατέχωσαν οἱ βάρβαροι βάλλοντες, οἱ μὲν ἐξ ἐναντίης
ἐπισπόμενοι καὶ τὸ ἔρυμα τοῦ τείχεος συγχώσαντες, οἱ δὲ περιελθόντες
πάντοθεν περισταδόν.

35 Dienekes, the bravest of the Greeks, jokes on the eve of battle. Others
outstanding in valour. (226-7)

Λακεδαιμονίων δὲ καὶ Θεσπιέων τοιούτων γενομένων ὅμως
λέγεται ἀνὴρ ἄριστος γενέσθαι Σπαρτιήτης Διηνέκης· τὸν τόδε φασὶ   41§
εἰπεῖν τὸ ἔπος πρὶν ἢ συμμεῖξαί σφεας τοῖσι Μήδοισι, πυθόμενον πρός
τευ τῶν Τρηχινίων ὡς ἐπεὰν οἱ βάρβαροι ἀπίωσι τὰ τοξεύματα, τὸν
ἥλιον ὑπὸ τοῦ πλήθεος τῶν ὀϊστῶν ἀποκρύπτουσι· τοσοῦτο πλῆθος
αὐτῶν εἶναι· τὸν δὲ οὐκ ἐκπλαγέντα τούτοισι εἰπεῖν, ἐν ἀλογίῃ
ποιεύμενον τὸ τῶν Μήδων πλῆθος, ὡς πάντα σφι ἀγαθὰ ὁ Τρηχίνιος   42ο
ξεῖνος ἀγγέλλοι, εἰ ἀποκρυπτόντων τῶν Μήδων τὸν ἥλιον ὑπὸ σκιῇ
ἔσοιτο πρὸς αὐτοὺς ἡ μάχη καὶ οὐκ ἐν ἡλίῳ. ταῦτα μὲν καὶ ἄλλα

τοιουτότροπα ἔπεά φασι Διηνέκεα τὸν Λακεδαιμόνιον λιπέσθαι
μνημόσυνα. μετὰ δὲ τοῦτον ἀριστεῦσαι λέγονται Λακεδαιμόνιοι δύο
ἀδελφεοί, Ἀλφεός τε καὶ Μάρων Ὀρσιφάντου παῖδες. Θεσπιέων δὲ   425
εὐδοκίμεε μάλιστα τῷ οὔνομα ἦν Διθύραμβος Ἁρματίδεω.

Ἀβροκόμης, ὁ Abrokomes
(1d)
ἀλέξομαι defend oneself
ἀλογίη, ἡ disregard (1a)
Ἀλφεός, ὁ Alpheos (2a)
ἀπίωσι = ἀφίωσι (ἀφίημι subj.)
ἀριστεύω be best, gain
distinction
Ἁρματίδης, ὁ Harmatides
(1d)
Ἀρσάμης, ὁ Arsames (3d)
Ἀρτάνης, ὁ Artanes (1d)
Δαρεῖος, ὁ Dareios (2a) (King
of Persia, 521–486)
Διηνέκης, ὁ Dienekes (3d)
Διθύραμβος, ὁ Dithyrambos
(2a)
εἶναι 'there was'
ἐκπλήγνυμαι (ἐκπλαγ-) be
astonished
*ἐναντίος a ον opposite, facing;
*ἐναντίοι, οἱ enemy,
adversaries (2a)
ἐνθεῦτεν = ἐντεῦθεν
ἐξ ἐναντίης from the opposite
side
ἐπεὰν = ἐπεὶ ἄν
ἐπί (+dat.) in honour of
ἐπιδίδωμι (ἐπιδο-) give in
dowry, give in addition
ἐς ὅ until

ἑτεροιόω alter
εὐδοκιμέω be of good repute,
be distinguished
ἐφέπομαι (ἐπισπο-) follow,
pursue
Θεσπιέες, οἱ Thespians
Θηβαῖοι, οἱ Thebans (2a)
καταχώννυμι
(καταχωσ-) overwhelm
λείπομαι (λιπ-) leave behind
one
λέων (λεοντ-), ὁ lion (3a)
λίθινος η ον made of stone
Μάρων (Μαροντ-), ὁ Maron
(3a)
μάχαιρα, ἡ knife, dagger (1b)
*μέχρι (+gen.) until, up to, as
far as
*μέχρι οὗ until
μνημόσυνον, τό memorial
(2b)
νεῖκος, τό strife, battle (3c)
ὀϊστός, ὁ arrow (2a)
ὀνομαστός ή όν famous, of
note
Ὀρσίφαντος, ὁ Orsiphantos
(2a)
παραμείβομαι pass by, leave
on one side
περισταδόν standing round
about

πρὶν ἤ before (+inf.)
σκιή, ἡ shade (1a)
συγχώννυμι
(συγχωσ-) demolish
συνίσταμαι be joined (of
battle)
τετράκις four times
τευ = τινος
τοιουτότροπος ον such-like,
of such kind
τοῖσι αὐτῶν . . . περιεοῦσαι lit.
'to which of them still
chanced to be left' (sc.
'daggers')
τὸν δὲ . . . εἰπεῖν 'and that
he . . . said'
τόξευμα, τό arrow (3b)
τοῦτο συνεστήκεε 'this battle
continued'
τρέπομαι root
Τρηχίνιος, ὁ Trachinian (2a)
τῷ 'the man whose . . .'
ὑπεξειρύω drag out and away
Ὑπεράνθης, ὁ Hyperanthes
(1d)
Ὑστάσπης, ὁ Hystaspes (3d)
Φραταγούνη, ἡ Phratagoune
(1a)
ὠθισμός, ὁ jostling,
struggling (2a)

36 *Epitaphs on the Greeks, the three hundred Spartans and the seer Megistias. (228)*

ταφθεῖσι δέ σφι αὐτοῦ ταύτῃ τῇ περ ἔπεσον καὶ τοῖσι πρότερον
τελευτήσασι ἢ τοὺς ὑπὸ Λεωνίδεω ἀποπεμφθέντας οἴχεσθαι,
ἐπιγέγραπται γράμματα λέγοντα τάδε·

μυριάσιν ποτὲ τῇδε τριηκοσίαις ἐμάχοντο   430
ἐκ Πελοποννάσου χιλιάδες τέτορες.

ταῦτα μὲν δὴ τοῖσι πᾶσι ἐπιγέγραπται, τοῖσι δὲ Σπαρτιήτῃσι ἰδίῃ·

ὦ ξεῖν', ἀγγέλλειν Λακεδαιμονίοις ὅτι τῇδε
κείμεθα τοῖς κείνων ῥήμασι πειθόμενοι.

Λακεδαιμονίοισι μὲν δὴ τοῦτο, τῷ δὲ μάντι τόδε·   435

μνῆμα τόδε κλεινοῖο Μεγιστία,⌐ ὅν ποτε Μῆδοι
Σπερχειὸν ποταμὸν κτεῖναν ἀμειψάμενοι,
μάντιος, ὃς τότε Κῆρας ἐπερχομένας σάφα εἰδὼς
οὐκ ἔτλη Σπάρτης ἡγεμόνας προλιπεῖν.

ἐπιγράμμασι μέν νυν καὶ στήλῃσι, ἔξω ἢ τὸ τοῦ μάντιος ἐπίγραμμα,   440
Ἀμφικτύονές εἰσί σφεας οἱ ἐπικοσμήσαντες· τὸ δὲ τοῦ μάντιος
Μεγιστίεω Σιμωνίδης ὁ Λεωπρέπεός ἐστι κατὰ ξεινίην ὁ ἐπιγράψας.

Anecdotes about the three hundred Spartans (229–33)

Two of the three hundred, it is said, Aristodemos and Eurytos, both with severe eye-disease, had been ordered by Leonidas to quit the camp, and both lay at Alpenoi, in very poor condition. Had they been so minded, both men might have agreed to return to Sparta alive; or, if they did not like to return, they might both have gone to battle and fallen with their friends. But when either course was possible, they could not agree together and took different courses of action. Eurytos no sooner heard that the Persians had come round the mountain than he at once called for his armour, buckled it on and ordered his helot to guide him to the fight. The helot did so, then promptly turned and ran for it; but Eurytos plunged into the thick of the battle and was killed. Aristodemos, however, was a coward and stayed at Alpenoi. It is my belief that if Aristodemos alone had been sick and had returned, or if both had come back together, the Spartans would not have become angry; as it was, when there were two men with the very same excuse, one of whom saved his life while the other gave it, it was inevitable that the Spartans would become outraged with Aristodemos. This is the account which some give of Aristodemos' excuse for his safe return to Sparta. Others say that he, with another, had been sent on a message from the army and, although he could have returned in time to fight, purposely hung around on the road and so survived his comrades; while his fellow-messenger came back in time and was killed. When Aristodemos returned to Lakedaimon, reproach and disgrace awaited him: disgrace, in that no Spartan would give him a light to light his fire, or so much as address a word to him; and reproach, since all called him 'the chicken'. However, he wiped away all his shame afterwards at the battle of Plataia.

Another of the three hundred is similarly said to have survived the battle, a man called Pantites, whom Leonidas had sent on an embassy to Thessaly. He, they say, on his return to Sparta, found himself in such dishonour that he hanged himself.

The Thebans, under the command of Leontiades, remained with the Greeks and fought only so long as they were forced to. As soon as they saw the Persians getting the upper hand, and the Greeks under Leonidas making towards the hillock, they broke away from the main force and raising their hands advanced towards the barbarians, exclaiming (as indeed was the case), that they for their part wished well to the Medes, and had been among the first to give earth and water to the king; force alone had brought them to Thermopylai; and so they must not be blamed for the slaughter of the king's army. These words, the truth of which was attested by the Thessalians, were enough to

ἀγγέλλειν 'tell' (inf. for imperative)
ἀμείβομαι pass over
'Ἀμφικτύονες, οἱ Amphiktyons (3a)
αὐτοῦ just there
γράμματα, τά inscription, epitaph (3b)
ἔξω ἤ with the exception of
ἐπίγραμμα, τό epitaph (3b)
ἐπιγράμμασι tr. 'with ...'
ἐπιγράφομαι be inscribed over x (dat.)
ἐπιγράφω inscribe
ἐπικοσμέω honour x (acc.) with y (dat.)
θαφθεῖσι ... σφι tr. 'over them ...'
ἰδίη on their own account

Κῆρες, αἱ goddess of death (3a)
κλεινός ή όν famous, renowned
κτεῖναν = ἔκτειναν
Λεωπρέπης, ὁ Leoprepes (3d)
μάντι = μάντει
μάντιος = μάντεως
*μάντις, ὁ diviner, seer, prophet (3e)
Μεγιστίας, ὁ Megistias (1d)
Μεγιστία (Doric) = Μεγιστιέω (Ionic) = gen. sing.
μνῆμα, τό memorial tomb (3b)
μυριάς (μυριαδ-), ἡ ten thousand (3a)
ξεινίη, ἡ friendly relations,

guest friendship (1a)
Πελοποννάσου = Πελοποννήσου
προλείπω (προλιπ-) forsake
πρότερον ... ἤ before (+inf.)
ῥῆμα, τό word (3b)
Σιμωνίδης, ὁ Simonides (1d) (the poet from Keos, 556-468; probably composer of all these epitaphs)
Σπάρτη, ἡ Sparta (1a)
Σπερχειός, ὁ Sperkheios (2a)
στήλη, ἡ monument (1a)
τέτορες (Doric) = τέσσαρες (Ionic) four
τῇ where, on which
τλάω (τλη-) bring oneself to; dare; endure
τριηκόσιοι αι α three hundred

win the Thebans their lives. However, their good fortune was not without some drawback; for several of them were killed by the barbarians on their first approach, and the rest, who were the majority, had the royal mark branded upon their bodies by the command of Xerxes – Leontiades, their captain, being the first to suffer. (This man's son, Eurymakhos, was afterwards killed by the Plataians, when he came with a troop of four hundred Thebans and seized their city.)

Xerxes discusses future strategy with Demaratos (234–7)

Thus the Greeks fought at Thermopylai. After the fight was over, Xerxes called for Demaratos and questioned him as follows: 'Demaratos, you are a good man: your true speaking proves it. Everything has happened as you predicted it would. Now tell me, how many Lakedaimonians are there left, and of those how many are as brave as these? Or are they all the same?'

'O king,' replied Demaratos, 'the sum total of Lakedaimonians and of their cities is very great indeed, but I will tell you what you want to know. There is a town of Lakedaimon called Sparta, with a population of about eight thousand men. They are, to a man, the equal of those who fought here. The other Lakedaimonians are not such good fighters, though still courageous.'

'Tell me now, Demaratos,' replied Xerxes, 'what is the easiest way we can defeat these men? You must know all the ins and outs of their decision-making, since you were once their king.'

Then Demaratos answered: 'Since your request for my advice is serious, it is right that I should give you the very best I can. Detach three hundred ships from your fleet and send them to attack the shores of Lakonia. There is an island called Kythera in those parts, not far from the coast, about which Khilon, one of our wisest men, remarked that Sparta would gain if it were sunk to the bottom of the sea – so constantly did he envisage that it would give occasion to some project like that which I now recommend to you. I do not mean to say that he had foreknowledge of your attack upon Greece, but he feared all invasions. Send your ships then to this island, and from there attack the Spartans. As soon as they find a war on their very own doorstep, you need not fear that they will give help to the rest of the Greeks while your army is engaged in destroying them. If in this way the rest of Greece is overcome, Sparta, stranded, will be ripe for picking. But if you reject this advice, I will tell you what you may expect to happen. When you come to the Peloponnese, you will find a narrow neck of land, where all the Peloponnesians who are in alliance against you will be gathered together; and there you must expect to fight bloodier battles than any you have yet experienced. If, however, you follow my plan, the Isthmus and the cities of the Peloponnese will come over to you without resistance.'

Akhaimenes, who was present, now spoke. He was Xerxes' brother and, having command of the fleet, was afraid that Xerxes might be persuaded to do as Demaratos advised: 'I see, O king, that you are listening to the words of a man who is envious of your good fortune and seeks to betray your cause. This is indeed the way Greeks usually behave: they envy good fortune and hate power greater than their own. Four hundred of our fleet have already been shipwrecked. If three hundred more are now sent away to sail around the Peloponnese, our enemies will become a match for us. But if we keep our fleet together, it will be dangerous for them to risk an attack, as they will not even begin to be a match for us then. Besides, while our sea and land forces advance together, the fleet and army can help each other; but if they are split, such mutual help is impossible. Lay your own plans well – then you will not need to inquire about the enemy, and where they will fight or what they will do or how many there are. Surely they can manage their own affairs without us, as we can ours without them. If the Lakedaimonians come out to fight the Persians, they will not heal the wound they have already had inflicted.'

Xerxes replied: 'Akhaimenes, your advice to me seems sound and I will do as you say. But Demaratos too gave what he considered the best advice – only his judgement was not as good as yours. I will never believe that he does not wish well to our cause; for that is disproved by his former advice and by the circumstances of the case. A citizen does indeed envy any fellow-citizen who is more lucky than himself and often hates him secretly. If a man like that is called on for advice, he will not give his best thoughts, unless indeed he is a man of very exceptional quality – and men like that are hard to find. But a *xenos* is full of sympathy for the good fortune of another *xenos,* and will give him, when asked, the best advice in his power. I therefore order everyone, from now on, to stop slandering Demaratos, who is my *xenos.*'

Xerxes' anger against Leonidas

37 *After the battle, Xerxes outrages Leonidas' body. (238)*

ταῦτα εἴπας Ξέρξης διεξήιε διὰ τῶν νεκρῶν καὶ Λεωνίδεω,
ἀκηκοὼς ὅτι βασιλεύς τε ἦν καὶ στρατηγὸς Λακεδαιμονίων, ἐκέλευσε
ἀποταμόντας τὴν κεφαλὴν ἀνασταυρῶσαι. δῆλά μοι πολλοῖσι μὲν καὶ   445
ἄλλοισι τεκμηρίοισι, ἐν δὲ καὶ τῷδε οὐκ ἥκιστα γέγονε, ὅτι βασιλεὺς
Ξέρξης πάντων δὴ μάλιστα ἀνδρῶν ἐθυμώθη ζῶντι Λεωνίδῃ· οὐ γὰρ ἄν
κοτε ἐς τὸν νεκρὸν ταῦτα παρενόμησε, ἐπεὶ τιμᾶν μάλιστα νομίζουσι
τῶν ἐγὼ οἶδα ἀνθρώπων Πέρσαι ἄνδρας ἀγαθοὺς τὰ πολέμια. οἱ μὲν δὴ
ταῦτα ἐποίευν, τοῖσι ἐπετέτακτο ποιέειν.   450

ἀνασταυρόω impale	*ζάω live	τοῖσι ἐπετέτακτο 'to whom
ἀποτέμνω *(ἀποταμ-)* cut off	παρανομέω commit an	orders had been given'
ἐπιτάττω order (+dat.)	outrage	

Oedipus and the Sphinx

SOPHOCLES

A chorus in Sophocles' *Antigone* sings of the power of Zeus over Olympos and over man:

τεάν, Ζεῦ, δύνασιν τίς ἀν-
δρῶν ὑπερβασία κατάσχοι;
τὰν οὔθ' ὕπνος αἱρεῖ ποθ' ὁ παντυγήρως
οὔτ' ἀκάματοι θεῶν
μῆνες, ἀγήρως δὲ χρόνῳ δυνάστας
κατέχεις Ὀλύμπου
μαρμαρόεσσαν αἴγλαν.
τό τ' ἔπειτα καὶ τὸ μέλλον
καὶ τὸ πρὶν ἐπαρκέσει
νόμος ὅδ'· οὐδὲν ἕρπει
θνατῶν βιότῳ πάμπολύ γ' ἐκτὸς ἄτας.

'Your power, O Zeus, what man
Can rise above it?
Sleep, which ages all, can never subdue it,
Nor can heaven's unwearying months,
But, ageless in time, as monarch
You rule the gleaming radiance
Of Olympos.
 For the immediate and the more distant future
As for time past, this law holds true:
No mortal man can embrace greatness,
And remain unscathed.

ἁ γὰρ δὴ πολύπλαγκτος ἐλ-
πὶς πολλοῖς μὲν ὄνασις ἀνδρῶν,
πολλοῖς δ' ἀπάτα κουφονόων ἐρώτων·
εἰδότι δ' οὐδὲν ἕρπει,
πρὶν πυρὶ θερμῷ πόδα τις
προσαύσῃ.
σοφίᾳ γὰρ ἔκ του
κλεινὸν ἔπος πέφανται,
τὸ κακὸν δοκεῖν ποτ' ἐσθλὸν
τῷδ' ἔμμεν ὅτῳ φρένας
θεὸς ἄγει πρὸς ἄταν·
πράσσει δ' ὀλίγιστον χρόνον ἐκτὸς ἄτας.

Far-reaching Hope is, it is true,
A blessing to many men,
But many, who nurture empty desires, it deceives:
It embraces the ignorant,
Till fingers get burnt in the blazing fire.
Wise from some source
Came that famous saying,
"Wrong at times seems right,
To the man whose mind
A god drives towards disaster."
Only for the shortest time can he act:
And remain unscathed.'

Antigone, 604–25

This Selection

Introductory passage: Oedipus the King (*Oedipus Tyrannus* 300–862 (*pass.*))
page 100

Target passage: The fall of Oedipus (*Oedipus Tyrannus* 950–end (*pass.*)) page
118

Sophocles, the tragedian

Sophocles *(Σοφοκλῆς)* was born an Athenian *c.* 496 and died in 406. He played a
full part in Athenian political life, being *strategos* once (probably), *Hellenotamias*
once (a post of which the officers oversaw the finance of the whole Athenian
alliance) and a member of the emergency Council convened in 413 when the
Athenian expedition to Sicily had been destroyed and Athens seemed on the
brink of defeat in the Peloponnesian War. He was closely involved with the cult
of Asklepios, as well as being a priest in another healing cult. He is said to have
written some 123 plays, of which 7 survive in full. In a possible chronological
order, with Greek titles followed by the most common ones used in English,
they are: *Αἴας (Ajax), 'Αντιγόνη (Antigone), Τραχίνιαι (Trachiniae,* or *Women of
Trachis), Οἰδίπους τύραννος (Oedipus Tyrannus,* or *Oedipus Rex), 'Ηλέκτρα
(Electra), Φιλοκτήτης (Philoctetes), Οἰδίπους ἐπὶ Κολωνῷ (Oedipus Coloneus,* or
Oedipus at Colonus). It was Sophocles who greatly increased the scope of
dramatic possibilities by increasing the number of actors allowed in a produc-
tion from two to three. He was greatly admired by the Athenians, and Aristotle,
in his *Poetics* (a discussion of literary form), saw his *Oedipus Tyrannus* as a
paradigm of the perfect Greek tragedy.

Background to the Oedipus Tyrannus

Laios, king of Thebes, and his wife, Iokaste, receive an oracle that any male born
to them will kill his father, Laios, and marry his mother, Iokaste. They therefore
give their first-born son to a servant–shepherd to expose (i.e. leave to die) in the
mountains, first pinning the child's ankles together (whence its name – Oe-
dipus, 'swollen-foot'). But the shepherd gives the child to a Corinthian who
wants it for his master, King Polybos of Corinth, whose marriage to Queen
Merope has proved barren. Oedipus is brought up by Polybos and Merope in
Corinth, unaware of his true parentage, until he finds his birth challenged by a
drunkard at a party. Deeply worried, Oedipus inquires of the oracle at Delphi
who his parents are. The oracle does not answer that question, but tells Oedipus,
to his horror, that he is destined to marry his mother and kill his father. Resolved
never to return to Corinth, he is *en route* for Thebes when he quarrels with a
group of travelling Thebans and kills them – including Laios, king of Thebes.
One witness of the incident survives to return to Thebes. When Oedipus arrives

in Thebes, it is to find the city mourning the death of Laios and in the grip of a plague sent by the Sphinx. Oedipus answers the Sphinx's riddle (the condition of the lifting of the plague) and is given the hand of the bereaved Iokaste in marriage by a grateful populace. The single witness of the incident on the road finds work far from the palace . . .

The play

When the play opens, all this is long in the past and Oedipus, with his queen Iokaste, has been the much-loved king of Thebes for many years. In a sense, nothing actually 'happens' in the play: the play is a revelation of the true significance of events that happened a long time ago. The facts, however, do not necessarily emerge in the order in which they have been given above. But what is almost certainly the case is that most of the audience would have been acquainted with the story of Oedipus in broad outline before the play began.

There is much in this play to remind you of Herodotus' story of Adrastos (*Reading Greek*, **18**, Herodotus 1.34–45): the atmosphere created in both stories is particularly comparable. Of the *Oedipus Tyrannus*, E.R. Dodds writes:

> 'Certainly the *Oedipus Rex* is a play about the blindness of man and the desperate insecurity of the human condition: in a sense every man must grope in the dark as Oedipus gropes, not knowing who he is or what he has to suffer; we all live in a world of appearance which hides from us who-knows-what dreadful reality. But surely the *Oedipus Rex* is also a play about human greatness. Oedipus is great, not in virtue of a great worldly position – for his worldly position is an illusion which will vanish like a dream – but in virtue of his inner strength: strength to pursue the truth at whatever personal cost, and strength to accept and endure it when found' (E.R. Dodds, 'On misunderstanding the *Oedipus Rex*', *Greece and Rome* 13 (1966)).

Introductory passage: Oedipus the King (*Oedipus Tyrannus* 300–862 (*pass.*))

Introduction

When the play opens, Thebes is in the grip of a disastrous plague. Oedipus has sent his relative Kreon to the oracle at Delphi to inquire what should be done. Kreon reports that the oracle orders that the killer of Laios (king of Thebes before Oedipus) should be expelled. Oedipus utters this solemn warning (219–75):

> I shall speak as one who played no part either in the story,
> or in the deed. Were I working unaided, I would not get far,
> without some clue. As it is, since it was after the murder that I became
> a citizen among you citizens, to all Thebans
> I make this proclamation: If any of you knows at whose hands
> Laios, son of Labdakos, was murdered, I order him to tell me.
> If he is afraid, because he might confess his own guilt,
> I say that he will suffer no harsh punishment, but safe exile.
> And if anyone knows a foreigner to be the killer,
> he must not keep quiet. I shall settle
> the reward, with my thanks as well.
> But if you maintain silence, and anyone in fear
> discounts this edict of mine, to shield a guilty friend,
> or himself, hear what I shall do:
> Whoever he may be, I command that no one in this land,
> whose power and throne I control, shall either take him in,
> or greet him, or make him a partner in prayers or sacrifices
> to the gods, or give him the lustral bowl.
> I command everyone to drive him from their homes, since he
> is our desecration, as the Pythian god revealed to me
> just now. Since I, then, am such a champion of the god,
> and of the man who died, I pray that he who has done the deed,
> whether he keeps his guilt to himself or shares it with another,
> may eke out his existence accursed, in utter misery.
> And I add the prayer that, if with my knowledge he comes to live
> in my house as a guest, I too might suffer the full effects
> of the curse I have called down on others.
> I make it your responsibility to see all this through –
> for myself, for the god, and for this our land,
> so plagued by famine and the god's ill-will.

And even if the matter were not sent from the gods,
it would not be right for you to let it lie untouched,
since it is a question of the death of one of our best men, a king.
Investigate it fully! Since I am now in power,
with the position which he held before,
with his bed and his wife who took his seed, as now
she has taken mine (and had his line not been unfortunate in this
respect, we would have had children in common), now that fate
has come down hard upon him I fight in his defence,
as if he were my own father, and shall go to any length
in my attempt to arrest the man whose hand did the deed –
for the honour of Laios, the son of Labdakos, and of Polydoros,
and Kadmos before him and Agenor his father.
If any fail to do this, I pray the gods
to produce for them neither crops from the earth
nor children from their wives. Let them perish
by a fate like this, or one still worse!
But as for you other Thebans who agree with my words,
may Justice our ally and the rest of the gods be with you
and bless you for ever.

(The Chorus of men of Thebes now suggest that Oedipus would do well to consult with the blind prophet Teiresias, but Oedipus reveals that he has already been summoned. The extracts begin with Oedipus' address to Teiresias.)

1 *Oedipus tells Teiresias what the oracle has said and begs him to help.*
   (300–15)

ΟΙΔΙΠΟΥΣ

> ὦ πάντα νωμῶν Τειρεσία, διδακτά τε
> ἄρρητά τ' οὐράνιά τε καὶ χθονοστιβῆ,
> πόλιν μέν, εἰ καὶ μὴ βλέπεις, φρονεῖς δ' ὅμως
> οἵᾳ νόσῳ σύνεστιν· ἧς σὲ προστάτην
> σωτῆρά τ', ὦναξ, μοῦνον ἐξευρίσκομεν.

ἄρρητος ον not to be divulge, secret	heaven	χθονοστιβής ές walking the earth, lowly
ἧς 'of which', i.e. 'of this plague'	προστάτης, ὁ protector (1d)	ὦναξ =ὦ ἄναξ
νωμάω ponder, grasp	σύνεστι: πόλις is subject	*ἄθυμος ον gloomy,
οὐράνιος α ον heavenly, in	*Τειρεσίας, ὁ Teiresias (1d)	discouraging, spiritless
	*φρονέω be well aware; know well, be sensible	

Φοῖβος γάρ, εἰ καὶ μὴ κλύεις τῶν ἀγγέλων,
πέμψασιν ἡμῖν ἀντέπεμψεν, ἔκλυσιν
μόνην ἂν ἐλθεῖν τοῦδε τοῦ νοσήματος,
εἰ τοὺς κτανόντας Λάιον μαθόντες εὖ
κτείναιμεν, ἢ γῆς φυγάδας ἐκπεμψαίμεθα.   10
σὺ δ' οὖν φθονήσας μήτ' ἀπ' οἰωνῶν φάτιν
μήτ' εἴ τιν' ἄλλην μαντικῆς ἔχεις ὁδόν,
ῥῦσαι σεαυτὸν καὶ πόλιν, ῥῦσαι δ' ἐμέ,
ῥῦσαι δὲ πᾶν μίασμα τοῦ τεθνηκότος.
ἐν σοὶ γὰρ ἐσμέν· ἄνδρα δ' ὠφελεῖν, ἀφ' ὧν   15
ἔχοι τε καὶ δύναιτο, κάλλιστος πόνων.

2 Despite Oedipus' pleas, Teiresias is unwilling to give guidance.
(316–33)

ΤΕΙΡΕΣΙΑΣ
    φεῦ φεῦ, φρονεῖν ὡς δεινὸν ἔνθα μὴ τέλη
    λύει φρονοῦντι. ταῦτα γὰρ καλῶς ἐγὼ
    εἰδὼς διώλεσ'· οὐ γὰρ ἂν δεῦρ' ἱκόμην.
ΟΙ. τί δ' ἔστιν; ὡς ἄθυμος εἰσελήλυθας.   20
ΤΕ. ἄφες μ' ἐς οἴκους· ῥᾷστα γὰρ τὸ σόν τε σὺ
    κἀγὼ διοίσω τοὐμόν, ἢν ἐμοὶ πίθῃ.
ΟΙ. οὔτ' ἔννομ' εἶπας οὔτε προσφιλῆ πόλει
    τῇδ', ἥ σ' ἔθρεψε, τήνδ' ἀποστερῶν φάτιν.
ΤΕ. ὁρῶ γὰρ οὐδὲ σοὶ τὸ σὸν φώνημ' ἰὸν   25
    πρὸς καιρόν· ὡς οὖν μηδ' ἐγὼ ταὐτὸν πάθω ...
ΟΙ. μὴ πρὸς θεῶν φρονῶν γ' ἀποστραφῇς, ἐπεὶ
    πάντες σε προσκυνοῦμεν οἵδ' ἱκτήριοι.
ΤΕ. πάντες γὰρ οὐ φρονεῖτ'. ἐγὼ δ' οὐ μή ποτε
    τἄμ', ὡς ἂν εἴπω μὴ τὰ σ', ἐκφήνω κακά.   30
ΟΙ. τί φῄς; ξυνειδὼς οὐ φράσεις, ἀλλ' ἐννοεῖς
    ἡμᾶς προδοῦναι καὶ καταφθεῖραι πόλιν;
ΤΕ. ἐγὼ οὔτ' ἐμαυτὸν οὔτε σ' ἀλγυνῶ. τί ταῦτ'
    ἄλλως ἐλέγχεις; οὐ γὰρ ἂν πύθοιό μου.

*ἀλγύνω grieve, distress (fut.
  ἀλγυνέω)
*ἀποστερέω withold, deprive
  of, rob
 *ἀποστρέφομαι
   (ἀποστραφ-) turn aside,
   away
 ἀφ' ὧν ἔχοι τε καὶ 'from
   whatever resources one
   might possess and...'
 διαφέρω bear, endure to the
   end
*ἔθρεψε = aor. of τρέφω
*εἶπας: εἶπα is alternative to
  εἶπον
 ἔκλυσις, ἡ release (3e)
 ἐκφαίνω reveal
   (ἐκφήνω = aor. subj. after οὐ
   μή)
*ἐννοέω intend, plan
 ἔννομος ον right, proper
*(ἐ)ρύομαι (εἰρυ-, ἐρυ-,
  ῥυσ-) save, keep off,

 protect
*ἱκνέομαι (ἱκ-) come, arrive
 ἱκτήριος α ον suppliant
 ἰόν = n. part. of εἶμι go
 κάλλιστος sc. πόνος ἐστί
*καταφθείρω destroy utterly
*κτανών = 2nd aor. part. of
  κτείνω
*Λάιος, ὁ Laios (father of
  Oedipus) (2a)
 μαντική (sc. τέχνη), ἡ
   divination, prophecy (1a)
 μίασμα, τό pollution (3b)
*νόσημα, τό plague, illness,
   disease (3b)
*ξ can stand for σ
*ξύνοιδα (= σύνοιδα) be
   witness to, know
*οἰωνός, ὁ bird of omen (2a)
 οὐ μή ποτε never ever
*πόνος, ὁ task, business,
   trouble (2a)
 πρὸς καιρόν at the right time

 προσκυνέω implore, prostrate
   oneself before
 προσφιλής ἐς kind, agreeable
   to (+ dat.)
 ταὐτὸν = τὸ αὐτό(ν)
*τέθνηκα (τεθν(η)-) I am dead
   (perf. of θνῄσκω)
 τέλη λύει (impersonal) it
   benefits (+ dat.)
 τοὐμὸν = τὸ ἐμὸν (sc. 'burden')
*φάτις, ἡ oracle, saying,
   rumour (3e)
*φεῦ φεῦ alas!
*φθονέω begrudge, be
   envious, resent
*Φοῖβος, ὁ Phoibos (Apollo);
   god of plague (2a)
 φυγάς (φυγαδ-), ὁ runaway,
   exile (3a)
*φώνημα, τό voice, speech (3b)
 ὡς ἂν εἴπω μή not to mention
*ὠφελέω help, assist

Φοῖβος 'Απόλλων (from a cup found at Delphi)

104   *Sophocles*

3 *Furious at Teiresias' apparent refusal to do his job, Oedipus accuses him of complicity in the murder of Laios. (334–69)*

OI.   οὐκ, ὦ κακῶν κάκιστε, καὶ γὰρ ἂν πέτρου   35
        φύσιν σύ γ' ὀργάνειας, ἐξερεῖς ποτέ,
        ἀλλ' ὧδ' ἄτεγκτος κἀτελεύτητος φανῇ;
TE.   ὀργὴν ἐμέμψω τὴν ἐμήν, τὴν σὴν δ' ὁμοῦ
        ναίουσαν οὐ κατεῖδες, ἀλλ' ἐμὲ ψέγεις.
OI.   τίς γὰρ τοιαῦτ' ἂν οὐκ ἂν ὀργίζοιτ' ἔπη   40
        κλύων, ἃ νῦν σὺ τήνδ' ἀτιμάζεις πόλιν;
TE.   ἥξει γὰρ αὐτά, κἂν ἐγὼ σιγῇ στέγω.
OI.   οὐκοῦν ἅ γ' ἥξει καὶ σὲ χρὴ λέγειν ἐμοί.
TE.   οὐκ ἂν πέρα φράσαιμι. πρὸς τάδ', εἰ θέλεις,
        θυμοῦ δι' ὀργῆς ἥτις ἀγριωτάτη.   45
OI.   καὶ μὴν παρήσω γ' οὐδέν, ὡς ὀργῆς ἔχω,
        ἅπερ ξυνίημ'. ἴσθι γὰρ δοκῶν ἐμοὶ
        καὶ ξυμφυτεῦσαι τοὔργον, εἰργάσθαι θ', ὅσον
        μὴ χερσὶ καίνων· εἰ δ' ἐτύγχανες βλέπων,
        καὶ τοὔργον ἂν σοῦ⌜ τοῦτ' ἔφην εἶναι ⌝μόνου.   50
TE.   ἄληθες; ἐννέπω σὲ τῷ κηρύγματι
        ᾧπερ προεῖπας ἐμμένειν, κἀφ' ἡμέρας
        τῆς νῦν προσαυδᾶν μήτε τούσδε μήτ' ἐμέ,
        ὡς ὄντι γῆς τῆσδ' ἀνοσίῳ μιάστορι.

OE.   How can you not feel shame at making such an accusation?
        And how do you imagine you will escape its consequences?
TE.   I have escaped them. Truth I cherish – that is my strength.
OE.   And from whom have you learnt the truth? One thing is sure –
        it is not from your profession!
TE.   From you. It was you that drove me on to speak against my will.
OE.   But to say what? Tell me again. I want to learn better.
TE.   Did you not understand before? Or are you inciting me?
OE.   No, I did not understand, so as to know what you meant. Tell me again.
TE.   I say that you are the murderer of the man,
        whose murderer you are looking to find.
OE.   You will regret making that pernicious accusation a second time!
TE.   Should I say more, and make you more annoyed?
OE.   As much as you like: it will be said to no purpose.
TE.   I say that you have been unconsciously living
        with your nearest and dearest, in foulest shame,
        and cannot see what depth of misfortune you have plumbed.

OE.   Do you really think you can always speak like this,
and get away with it?

TE.   I do, while there is any strength in the truth.

*ἄγριος a ον fierce, wild, savage

*ἀνόσιος ον impious, unholy

ἄτεγκτος ον hard-hearted, relentless

ἀτελεύτητος ον impracticable, useless

*ἐμμένω stand by, remain true to (+dat.)

*ἐν(ν)έπω (ἐνισπ-) order, tell; speak; address

*θυμόομαι be angry

καίνω kill

κήρυγμα, τό proclamation (3b)

μιάστωρ (μιαστορ-), ὁ defiler, polluter (3a)

*ναίω abide, dwell

ὀργαίνω (ὀργαν-) make angry

ὅσον μή 'even though (you did) not actually'

*παρίημι (παρε(ι)-) let slip, forget; relax; allow

πέρα further

πέτρος, ὁ stone (2a)

*προσαυδάω address, speak to

στέγω conceal, cover up

συμφυτεύω have a hand in

συνίημι understand

*ψέγω blame, censure

ὡς so much as

Teiresias and Oedipus (Epidaurus production 1956)

4 Oedipus suspects that Kreon has put Teiresias up to it. *(370–9)*

OI.   ἀλλ' ἔστι, πλὴν σοί· σοὶ δὲ τοῦτ' οὐκ ἔστ', ἐπεὶ   55
       τυφλὸς⌐ τά τ' ὦτα τόν τε νοῦν τά τ' ὄμματ' ⌐εἶ.
TE.   σὺ δ' ἄθλιός γε ταῦτ' ὀνειδίζων, ἃ σοὶ
       οὐδεὶς ὃς οὐχὶ τῶνδ' ὀνειδιεῖ τάχα.
OI.   μιᾶς τρέφει πρὸς νυκτός, ὥστε μήτ' ἐμὲ
       μήτ' ἄλλον, ὅστις φῶς ὁρᾷ, βλάψαι ποτ' ἄν.   60
TE.   οὐ γάρ σε μοῖρα πρός γ' ἐμοῦ πεσεῖν, ἐπεὶ
       ἱκανὸς Ἀπόλλων, ᾧ τάδ' ἐκπρᾶξαι μέλει.
OI.   Κρέοντος, ἢ τοῦ ταῦτα τἀξευρήματα;
TE.   Κρέων δέ σοι πῆμ' οὐδέν, ἀλλ' αὐτὸς σὺ σοί.

5 Oedipus accuses Teiresias of being an accomplice with Kreon in an
   effort to seize the throne, and demands to know why Teiresias had not
   been able to answer the riddle of the Sphinx. *(380–407)*

OI.   ὦ πλοῦτε καὶ τυραννὶ καὶ τέχνη τέχνης   65
       ὑπερφέρουσα τῷ πολυζήλῳ βίῳ,
       ὅσος παρ' ὑμῖν ὁ φθόνος φυλάσσεται,
       εἰ τῆσδέ γ' ἀρχῆς οὕνεχ', ἣν ἐμοὶ πόλις
       δωρητόν, οὐκ αἰτητόν, εἰσεχείρισεν,
       ταύτης Κρέων ὁ πιστός, οὑξ ἀρχῆς φίλος,   70
       λάθρᾳ μ' ὑπελθὼν ἐκβαλεῖν ἱμείρεται,
       ὑφεὶς μάγον τοιόνδε μηχανορράφον,
       δόλιον ἀγύρτην, ὅστις ἐν τοῖς κέρδεσιν
       μόνον δέδορκε, τὴν τέχνην δ' ἔφυ τυφλός.
          ἐπεὶ φέρ' εἰπέ, ποῦ σὺ μάντις εἶ σαφής;   75
       πῶς οὐχ, ὅθ' ἡ ῥαψῳδὸς ἐνθάδ' ἦν κύων,
       ηὔδας τι τοῖσδ' ἀστοῖσιν ἐκλυτήριον;
       καίτοι τό γ' αἴνιγμ' οὐχὶ τοὐπιόντος ἦν
       ἀνδρὸς διειπεῖν, ἀλλὰ μαντείας ἔδει·
       ἣν⌐ οὔτ' ἀπ' οἰωνῶν σὺ προυφάνης ἔχων   80
       οὔτ' ἐκ θεῶν του γνωτόν· ἀλλ' ἐγὼ μολών,
       ὁ μηδὲν εἰδὼς Οἰδίπους, ἔπαυσά νιν,
       γνώμῃ κυρήσας οὐδ' ἀπ' οἰωνῶν μαθών·
       ὃν δὴ σὺ πειρᾷς ἐκβαλεῖν, δοκῶν θρόνοις
       παραστατήσειν τοῖς Κρεοντείοις πέλας.   85
       κλαίων δοκεῖς μοι καὶ σὺ χὠ συνθεὶς τάδε

ἀγηλατήσειν· εἰ δὲ μὴ 'δόκεις γέρων
εἶναι, παθὼν ἔγνως ἂν οἷά περ φρονεῖς.

ΧΟΡΟΣ

ἡμῖν μὲν εἰκάζουσι καὶ τὰ τοῦδ' ἔπη
ὀργῇ λελέχθαι καὶ τὰ σ', Οἰδίπου, δοκεῖ.   90
δεῖ δ' οὐ τοιούτων, ἀλλ' ὅπως τὰ τοῦ θεοῦ
μαντεῖ' ἄριστα λύσομεν, τόδε σκοπεῖν.

6 Teiresias denies the accusation and foretells the terrible future in store for Oedipus. (408–28)

TE.   εἰ καὶ τυραννεῖς, ἐξισωτέον τὸ γοῦν
         ἴσ' ἀντιλέξαι· τοῦδε γὰρ κἀγὼ κρατῶ.

ἀγηλατέω purge (sc. 'this land')

ἀγύρτης, ὁ beggar, down-and-out (1d)

*ἄθλιος a ον wretched, miserable, pitiful

*αἴνιγμα, τό riddle (3b)

αἰτητός όν asked, sought

ἀντιλέγω reply

*'Απόλλων ('Απολλων-), ὁ Apollo (3a)

*αὐδάω speak, utter, tell

*βλάπτω mislead, hurt; injure; damage; distract

*δέδορκα (perf. of δέρκομαι) see, look upon

*δέω need; want; lack (+gen.)

δόλιος a ον deceitful

δωρητός όν given, bequeathed

ἐξεύρημα, τό invention (3b)

ἐξισόω offer equally

ἐξισωτέον = δεῖ σε ἐξισοῦν

εἰκάζω guess

εἰσχειρίζω entrust

ἐκλυτήριος ον saving, bringing release

*ἔμολον 'I came, went' (aor. of βλώσκω)

ἦν (l. 78) 'it was the job of'

θρόνος, ὁ seat of power (2a)

ἱμείρομαι desire, long for

*ἴσος η ον equal

*κέρδος, τό gain (3c)

κλαίων weeping (i.e. 'you will regret that')

Κρεόντειος a ον of Kreon

*Κρέων (Κρεοντ-), ὁ Kreon (3a)

κυρέω be right, find the answer

*λάθρᾳ secretly

μάγος, ὁ imposter (2a)

*μαντεία, ἡ prophetic power (1b)

*μαντεῖον, τό oracle (2b)

*μάντις, ὁ prophet, seer (3e)

μηχανορράφος ον crafty, scheming

*μοῖρα, ἡ fate, destiny (1b)

*νιν (acc.) him, her, it

*Οἰδίπους (Οἰδιποδ-), ὁ Oedipus (3a)

*ὄμμα, τό eye (3b)

*ὀνειδίζω (fut. ὀνειδιέω) reproach, chide, insult

οὖς (ὠτ-), τό ear (3b)

παραστατέω stand by, support (+dat.)

*πειράω try, attempt

*πέλας nearby, near (+gen.)

*πῆμα, τό bane, curse, calamity (3b)

πλοῦτος, ὁ wealth (2a)

πολύζηλος ον full of rivalry, competitive

*πρός (+gen.) by, at the hands of; from

ῥαψῳδός ... κύων i.e. the Sphinx

*σαφής ές proven, clear, obvious

συντίθημι (συνθε-) plot

*τάχα quickly

τοὐπιόντος = τοῦ ἐπιόντος 'coming along by chance'

*τυραννέω be sovereign

τυραννίς (τυραννιδ-), ἡ monarchy, absolute power (3a)

*τυφλός ή όν blind

ὑπερφέρω surpass x (gen.) in y (dat.)

ὑπέρχομαι (ὑπελθ-) entrap

ὑφίημι (ὑφε(ι)-) engage secretly, suborn

*φθόνος, ὁ envy, jealousy (2a)

οὐ γάρ τι σοὶ ζῶ δοῦλος, ἀλλὰ Λοξίᾳ·   95
ὥστ᾽ οὐ Κρέοντος προστάτου γεγράψομαι.
λέγω δ᾽, ἐπειδὴ καὶ τυφλόν μ᾽ ὠνείδισας·
σὺ καὶ δέδορκας κοὐ βλέπεις ἵν᾽ εἶ κακοῦ,
οὐδ᾽ ἔνθα ναίεις, οὐδ᾽ ὅτων οἰκεῖς μέτα.
ἆρ᾽ οἶσθ᾽ ἀφ᾽ ὧν εἶ; καὶ λέληθας ἐχθρὸς ὢν   100
τοῖς σοῖσιν αὐτοῦ νέρθε κἀπὶ γῆς ἄνω,
καί σ᾽ ⌐ἀμφιπλὴξ⌐ μητρός τε καὶ τοῦ σοῦ πατρὸς
ἐλᾷ ποτ᾽ ἐκ γῆς τῆσδε ⌐δεινόπους ἀρά,
⌐βλέποντα νῦν μὲν ὄρθ᾽, ἔπειτα δὲ σκότον.
βοῆς δὲ τῆς σῆς ποῖος οὐκ ἔσται λιμήν,   105
ποῖος Κιθαιρὼν οὐχὶ σύμφωνος τάχα,
ὅταν καταίσθῃ τὸν ὑμέναιον, ὃν δόμοις
ἄνορμον εἰσέπλευσας, εὐπλοίας τυχών;
ἄλλων δὲ πλῆθος οὐκ ἐπαισθάνῃ κακῶν,
ἅ σ᾽ ἐξισώσει σοί τε καὶ τοῖς σοῖς τέκνοις.   110
πρὸς ταῦτα καὶ Κρέοντα καὶ τοὐμὸν στόμα
προπηλάκιζε. σοῦ γὰρ οὐκ ἔστιν βροτῶν
κάκιον ὅστις ἐκτριβήσεταί ποτε.

7 Oedipus orders Teiresias to leave, but hesitates when Teiresias mentions his parentage. Teiresias repeats his denunciation and goes. (429–62)

OI.   ἦ ταῦτα δῆτ᾽ ἀνεκτὰ πρὸς τούτου κλύειν;
       οὐκ εἰς ὄλεθρον; οὐχὶ θᾶσσον; οὐ πάλιν   115
       ἄψορρος οἴκων τῶνδ᾽ ἀποστραφεὶς ἄπει;
TE.   οὐδ᾽ ἱκόμην ἔγωγ᾽ ἄν, εἰ σὺ μὴ ᾽κάλεις.
OI.   οὐ γάρ τί σ᾽ ᾔδη μῶρα φωνήσοντ᾽, ἐπεὶ
       σχολῇ σ᾽ ἂν οἴκους τοὺς ἐμοὺς ἐστειλάμην.
TE.   ἡμεῖς τοιοίδ᾽ ἔφυμεν, ὡς μὲν σοὶ δοκεῖ,   120
       μῶροι, γονεῦσι δ᾽, οἵ σ᾽ ἔφυσαν, ἔμφρονες.
OI.   ποίοισι; μεῖνον. τίς δέ μ᾽ ἐκφύει βροτῶν;
TE.   ἥδ᾽ ἡμέρα φύσει σε καὶ διαφθερεῖ.
OI.   ὡς πάντ᾽ ἄγαν αἰνικτὰ κἀσαφῆ λέγεις.
TE.   οὔκουν σὺ ταῦτ᾽ ἄριστος εὑρίσκειν ἔφυς;   125
OI.   τοιαῦτ᾽ ὀνείδιζ᾽ οἷς ἔμ᾽ εὑρήσεις μέγαν.
TE.   αὕτη γε μέντοι σ᾽ ἡ τύχη διώλεσεν.
OI.   ἀλλ᾽ εἰ πόλιν τήνδ᾽ ἐξέσωσ᾽, οὔ μοι μέλει.

TE. ἄπειμι τοίνυν· καὶ σύ, παῖ, κόμιζέ με.

OI. κομιζέτω δῆθ'· ὡς παρὼν σύ γ' ἐμποδὼν   130
ὀχλεῖς, συθείς τ' ἂν οὐκ ἂν ἀλγύναις πλέον.

TE. εἰπὼν ἄπειμ' ὧν οὕνεκ' ἦλθον, οὐ τὸ σὸν
δείσας πρόσωπον· οὐ γὰρ ἔσθ' ὅπου μ' ὀλεῖς.
λέγω δέ σοι· τὸν ἄνδρα τοῦτον, ὃν πάλαι
ζητεῖς ἀπειλῶν κἀνακηρύσσων φόνον   135
τὸν Λαΐειον, οὗτός ἐστιν ἐνθάδε.
ξένος λόγῳ μέτοικος, εἶτα δ' ἐγγενὴς
φανήσεται Θηβαῖος, οὐδ' ἡσθήσεται
τῇ ξυμφορᾷ· τυφλὸς γὰρ ἐκ δεδορκότος
καὶ πτωχὸς ἀντὶ πλουσίου ξένην ἔπι   140
σκήπτρῳ προδεικνὺς γαῖαν ἐμπορεύσεται.

*ἄγαν too, too much
αἰνικτός ή όν riddling
ἀμφιπλήξ double-edged
ἀνακηρύττω proclaim
  publicly (sc. 'a search into')
ἀνεκτός όν bearable
ἄνορμος ον without a safe
  harbour, insecure
*ἀπειλέω threaten (+dat.)
*ἀρά, ἡ curse (1b)
*ἀσαφής ές obscure, unclear
ἄψορρος ον back
γονεύς, ὁ father (3g) (pl.
  'parents')
γράφομαι be enrolled under
  (+gen.)
*δείδω (δεισ-, δεδοικ-,
  δεδι-) fear, be alarmed
δεινόπους with dreadful step
*δόμος, ὁ, οἱ home, house (2a)
*ἐγγενής ές native; inborn
*εἰς ὄλεθρον to hell!
ἐκτρίβω destroy completely,
  root out (fut. pass.
  ἐκτριβήσομαι)

*ἐλαύνω (ἐλασ-; fut.
  ἐλάω) drive, expel; strike;
  carry off
ἐμποδών (adv.) in one's way
ἔμφρων ον sensible, sane
ἐξισόω make x (acc.) level
  with y (dat.)
εὔπλοια, ἡ fair voyage (1b)
*ζάω live, dwell
*θᾶσσον at once! (lit. 'more
  quickly', comp. of ταχύς)
*Θηβαῖος α ον of Thebes,
  Theban
ἵνα (+ind.) where
*ἵνα κακοῦ where in evil
*Κιθαιρών (Κιθαιρων-), ὁ
  Kithairon (the mountain on
  which Oedipus was exposed)
  (3a)
*κομίζω take, lead, bring
*Λαΐειος α ον of Laios
*Λοξίας, ὁ Apollo (1d)
μέτοικος, ὁ immigrant (2a)
νέρθε below (i.e. Hades)

*ὀρθός ή όν straight, right;
  true, genuine
*οὐκ ἐστὶν ὅπου it is not
  possible that
ὀχλέω be a nuisance
προδείκνυμι point before
προπηλακίζω sling mud, hurl
  insults
προστάτης, ὁ leader (1d)
πρόσωπον, τό face (2b)
πτωχός, ὁ beggar (2a)
σκῆπτρον, τό stick, staff (2b)
σκότος, ὁ darkness (2a)
*στέλλω (στειλ-, σταλ-) send,
  summon; equip
*στόμα, τό mouth, speech (3b)
συθείς departing at speed
  (aor. pass. of σεύομαι)
σύμφωνος ον in harmony,
  echoing
τοιαῦτα (sc. μοι) οἷς 'at me in
  those respects in which'
ὑμέναιος, ὁ marriage (2a)
φανήσομαι = fut. of φαίνομαι

φανήσεται δὲ παισὶ τοῖς αὑτοῦ ξυνὼν
ἀδελφὸς αὑτὸς καὶ πατήρ, κἀξ ἧς ἔφυ
γυναικὸς υἱὸς καὶ πόσις, καὶ τοῦ πατρὸς
ὁμόσπορός τε καὶ φονεύς. καὶ ταῦτ᾽ ἰὼν   145
εἴσω λογίζου· κἂν λάβῃς ἐψευσμένον,
φάσκειν ἔμ᾽ ἤδη μαντικῇ μηδὲν φρονεῖν.

(Kreon argues fiercely with Oedipus over the charge of complicity with Teiresias to seize power. The argument is interrupted by the arrival of Queen Iokaste, Oedipus' wife. She persuades the unwilling Oedipus to drop the charges against Kreon, and then inquires what the cause of the quarrel was.)

8 *Oedipus claims that Kreon was using Teiresias to accuse him of the murder of Laios. Iokaste is sceptical of oracles and tells how an oracle had foretold that Laios would be murdered by his child. (698–725)*

ΙΟΚΑΣΤΗ
        πρὸς θεῶν δίδαξον κἄμ᾽, ἄναξ, ὅτου ποτὲ
        μῆνιν τοσήνδε πράγματος στήσας ἔχεις.
ΟΙ.   ἐρῶ· σὲ γὰρ τῶνδ᾽ ἐς πλέον, γύναι, σέβω·   150
        Κρέοντος, οἷά μοι βεβουλευκὼς ἔχει.
ΙΟ.   λέγ᾽, εἰ σαφῶς τὸ νεῖκος ἐγκαλῶν ἐρεῖς.
ΟΙ.   φονέα με φησὶ Λαΐου καθεστάναι.
ΙΟ.   αὐτὸς ξυνειδώς, ἢ μαθὼν ἄλλου πάρα;
ΟΙ.   μάντιν μὲν οὖν κακοῦργον ἐσπέμψας, ἐπεὶ   155
        τό γ᾽ εἰς ἑαυτὸν πᾶν ἐλευθεροῖ στόμα.
ΙΟ.   σύ νυν ἀφεὶς σεαυτὸν ὧν λέγεις πέρι
        ἐμοῦ ᾽πάκουσον καὶ μάθ᾽ οὕνεκ᾽ ἐστί σοι
        βρότειον οὐδὲν μαντικῆς ἔχον τέχνης.
        φανῶ δέ σοι σημεῖα τῶνδε σύντομα.   160
        χρησμὸς γὰρ ἦλθε Λαΐῳ ποτ᾽, οὐκ ἐρῶ
        Φοίβου γ᾽ ἀπ᾽ αὐτοῦ, τῶν δ᾽ ὑπηρετῶν ἄπο,
        ὡς αὐτὸν ἕξοι μοῖρα πρὸς παιδὸς θανεῖν,
        ὅστις γένοιτ᾽ ἐμοῦ τε κἀκείνου πάρα.
        καὶ τὸν μέν, ὥσπερ γ᾽ ἡ φάτις, ξένοι ποτὲ   165
        λῃσταὶ φονεύουσ᾽ ἐν τριπλαῖς ἁμαξιτοῖς·
        παιδὸς δὲ βλάστας οὐ διέσχον ἡμέραι
        τρεῖς, καί νιν ἄρθρα κεῖνος ἐνζεύξας ποδοῖν
        ἔρριψεν ἄλλων χερσὶν εἰς ἄβατον ὄρος.

κἀνταῦθ' Ἀπόλλων οὔτ' ἐκεῖνον ἤνυσεν   170
φονέα γενέσθαι πατρὸς οὔτε Λάϊον
τὸ δεινὸν οὐφοβεῖτο πρὸς παιδὸς παθεῖν.
τοιαῦτα φῆμαι μαντικαὶ διώρισαν,
ὧν ἐντρέπου σὺ μηδέν· ὧν γὰρ ἂν θεὸς
χρείαν ἐρευνᾷ ῥᾳδίως αὐτὸς φανεῖ.   175

9 The details of Iokaste's story worry Oedipus. (726-49)

OI.   οἷόν μ' ἀκούσαντ' ἀρτίως ἔχει, γύναι,
      ψυχῆς πλάνημα κἀνακίνησις φρενῶν.
IO.   ποίας μερίμνης τοῦθ' ὑποστραφεὶς λέγεις;
OI.   ἔδοξ' ἀκοῦσαι σοῦ τόδ', ὡς ὁ Λάϊος
      κατασφαγείη πρὸς τριπλαῖς ἁμαξιτοῖς.   180
IO.   ηὐδᾶτο γὰρ ταῦτ' οὐδέ πω λήξαντ' ἔχει.
OI.   καὶ ποῦ 'σθ' ὁ χῶρος οὗτος οὗ τόδ' ἦν πάθος;

ἄβατος ον trackless
ἁμαξιτός, ἡ highway (2a)
ἀνακίνησις, ἡ agitation (3e)
ἀνύω accomplish, bring to
   pass
ἄρθρον, τό joint (2b)
*ἀρτίως newly, recently
βλάσται, αἱ birth (1a)
*βουλεύω plot against (+dat.);
   resolve, determine
*βρότειος α ον mortal, human
διέχω part, separate (sc. 'from
   what followed')
διορίζω determine
ἐγκαλέω bring a charge of
*εἴσω inside
ἐλευθερόω keep free (sc.
   'from any scandal')
ἐνζεύγνυμι (ἐνζευξ-) bind
   tightly
*ἐντρέπομαι pay attention to
   (+gen.)
ἐρευνάω seek

ἐς πλέον more (than, +gen.)
ἐστί...ἔχον has a share in
   (+gen.)
καθεστάναι to be, i.e. stand
   accused (perf. inf.
   intransitive of καθίστημι)
κακοῦργος ον evil,
   mischievous
*κατασφάζω (κατασφαξ-,
   σφαγ-) murder
κεῖνος (l. 168) i.e. Laios
Κρέοντος 'on Kreon's (sc.
   'account')'
λήγω cease, stop
*λῃστής, ὁ robber (1d)
μερίμνη, ἡ anxiety, concern
   (1a)
μῆνις, ἡ anger (3a)
νεῖκος, τό quarrel (3c)
ὁμόσπορος ον sharing same
   bed with (+gen.)
ὅτου...πράγματος on what
   account

οὐφοβεῖτο = ὃ ἐφοβεῖτο
πλάνημα, τό wandering,
   restlessness (3b)
ποδοῖν of his feet
*σέβω honour, respect; revere;
   worship
στήσας ἔχεις you have set up
σύντομος ον cut short,
   abridged
τό γ' εἰς ἑαυτόν in what
   concerns himself
*τριπλόος η ον triple (often
   contr. τριπλοῦς)
ὑποστρέφομαι
   (ὑποστραφ-) turn round
   because of (+gen.)
*φήμη, ἡ message; rumour;
   speech; prophecy (1a)
*φονεύς, ὁ murderer (3g)
φονεύω murder, slay
χρεία, ἡ need (1b)
*χρησμός, ὁ oracle (2a)
*χῶρος, ὁ place, spot (2a)

IO. Φωκὶς μὲν ἡ γῆ κλῄζεται, σχιστὴ δ' ὁδὸς
     ἐς ταὐτὸ Δελφῶν κἀπὸ Δαυλίας ἄγει.
OI. καὶ τίς χρόνος τοῖσδ' ἐστὶν οὑξεληλυθώς;   185
IO. σχεδόν τι πρόσθεν ἢ σὺ τῆσδ' ἔχων χθονὸς
     ἀρχὴν ἐφαίνου, τοῦτ' ἐκηρύχθη πόλει.
OI. ὦ Ζεῦ, τί μου δρᾶσαι βεβούλευσαι πέρι;
IO. τί δ' ἐστί σοι τοῦτ', Οἰδίπους, ἐνθύμιον;
OI. μήπω μ' ἐρώτα· τὸν δὲ Λάϊον, φύσιν   190
     τίν' εἶχε, φράζε, τίνα δ' ἀκμὴν ἥβης ἔχων.
IO. μέγας, χνοάζων ἄρτι λευκανθὲς κάρα,
     μορφῆς δὲ τῆς σῆς οὐκ ἀπεστάτει πολύ.
OI. οἴμοι τάλας· ἔοικ' ἐμαυτὸν εἰς ἀρὰς
     δεινὰς προβάλλων ἀρτίως οὐκ εἰδέναι.   195
IO. πῶς φής; ὀκνῶ τοι πρὸς σ' ἀποσκοποῦσ', ἄναξ.
OI. δεινῶς ἀθυμῶ μὴ βλέπων ὁ μάντις ᾖ.
     δείξεις δὲ μᾶλλον, ἢν ἓν ἐξείπῃς ἔτι.
IO. καὶ μὴν ὀκνῶ μέν, ἂν δ' ἔρῃ μαθοῦσ' ἐρῶ.

10 *Oedipus asks for the single witness of the fight to be called. (750–70)*

OI. πότερον ἐχώρει βαιός, ἢ πολλοὺς ἔχων   200
     ἄνδρας λοχίτας, οἷ' ἀνὴρ ἀρχηγέτης;
IO. πέντ' ἦσαν οἱ ξύμπαντες, ἐν δ' αὐτοῖσιν ἦν
     κῆρυξ· ἀπήνη δ' ἦγε Λάϊον μία.
OI. αἰαῖ, τάδ' ἤδη διαφανῆ. τίς ἦν ποτὲ
     ὁ τούσδε λέξας τοὺς λόγους ὑμῖν, γύναι;   205
IO. οἰκεύς τις, ὅσπερ ἵκετ' ἐκσωθεὶς μόνος.
OI. ἦ κἀν δόμοισι τυγχάνει τανῦν παρών;
IO. οὐ δῆτ'· ἀφ' οὗ γὰρ κεῖθεν ἦλθε καὶ κράτη
     σέ τ' εἶδ' ἔχοντα Λάϊόν τ' ὀλωλότα,
     ἐξικέτευσε τῆς ἐμῆς χειρὸς θιγὼν   210
     ἀγρούς σφε πέμψαι κἀπὶ ποιμνίων νομάς,
     ὡς πλεῖστον εἴη τοῦδ' ἄποπτος ἄστεως.
     κἄπεμψ' ἐγώ νιν· ἄξιος γὰρ οἷ' ἀνὴρ
     δοῦλος φέρειν ἦν τῆσδε καὶ μείζω χάριν.
OI. πῶς ἂν μόλοι δῆθ' ἡμὶν ἐν τάχει πάλιν;   215
IO. πάρεστιν. ἀλλὰ πρὸς τί τοῦτ' ἐφίεσαι;
OI. δέδοικ' ἐμαυτόν, ὦ γύναι, μὴ πόλλ' ἄγαν
     εἰρημέν' ᾖ μοι δι' ἃ νιν εἰσιδεῖν θέλω.

10.   ἀλλ’ ἵξεται μέν· ἀξία δέ που μαθεῖν
      κἀγὼ τά⌐ γ’ ἐν σοὶ δυσφόρως ¬ἔχοντ’, ἄναξ.   220

11 Oedipus tells how his parentage had once been queried by a drunken
    reveller, and how he went to Delphi to learn the truth. (771–93)

OI.   κοὖ μὴ στερηθῇς γ’ ἐς τοσοῦτον ἐλπίδων
      ἐμοῦ βεβῶτος. τῷ γὰρ ἂν καὶ μείζονι
      λέξαιμ’ ἂν ἢ σοὶ διὰ τύχης τοιᾶσδ’ ἰών;

*αἰαῖ alas! (cry of astonishment or grief)
ἀκμή, ή prime (1a)
ἂν = ἃ ἄν
*ἀπήνη, ή carriage (1a)
ἄποπτος ον out of sight
ἀποσκοπέω look steadily
ἀποστατέω be different from (+ gen.)
*ἄρτι just; just now
ἀρχηγέτης, ὁ leader, chief (1d)
βαιός ά όν in a small group
*βεβώς υἷα ός = perf. part. of βαίνω
Δαυλία, ή Daulia (1b)
*Δελφοί, αἱ Delphi (2a)
διὰ τύχης εἶμι engage with fate
διαφανής ές transparently clear, manifest
δυσφόρως ἔχω be troubling, worrying
ἐνθύμιος ον taken to heart, weighing on the mind

ἔρῃ you ask (subj.)
*ἐφίεμαι desire; command
  ἐφίημι (ἐφε(ι)-) incite; allow; let go
ἥβη, ή age, life (1a)
θιγγάνω (θιξ-, θιγ-) take, touch (+ gen.)
*κάρα (καρη, καρητ-, καρηατ-), τό head (3b)
*κεῖθεν from there
*κλήζω call; mention; celebrate
*κράτος, τό power, sovereignty, authority, strength (3c)
λευκανθής ές whitening
λοχίτης, ὁ fellow-soldier (1d)
*μήπω not yet
μορφή, ή form, shape (1a)
νομή, ή pasture (1a)
οἵ’ ἀνὴρ δοῦλος ‘for a slave’
*οἰκεύς, ὁ servant, member of household (3g)
*ὀκνέω hesitate; shrink from; scruple

οὐ μή + subj. = strong affirmation
οὐξεληλυθώς = ὁ ἐξεληλυθώς
πάρεστιν ‘it is possible’
ποίμνιον, τό flock (2b)
*σύμπας -πασα -παν all, in all, every
*σφέ him (acc.) (s. σφέ, σφί(ν); pl. σφεῖς, σφ(έ)ᾶς or σφέη, σφ(έ)ων, σφίσι or σφί(ν))
σχεδόν τι πρόσθεν ἤ shortly before
σχιστός ή όν divided, split
τανῦν now, at the moment
*τάχει, ἐν at once
τῆσδε ‘than that’ (i.e. act of kindness I had already shown)
τῷ . . . μείζονι to whom more important
Φωκίς, ή Phokis
*χθών (χθον-), ή land earth, country (3a)
χνοάζω sprinkle

ἐμοὶ πατὴρ μὲν Πόλυβος ἦν Κορίνθιος,
μήτηρ δὲ Μερόπη Δωρίς. ἠγόμην δ᾽ ἀνὴρ   225
ἀστῶν μέγιστος τῶν ἐκεῖ, πρίν μοι τύχη
τοιάδ᾽ ἐπέστη, θαυμάσαι μὲν ἀξία,
σπουδῆς γε μέντοι τῆς ἐμῆς οὐκ ἀξία.
ἀνὴρ γὰρ ἐν δείπνοις μ᾽, ὑπερπλησθεὶς μέθης,
καλεῖ παρ᾽ οἴνῳ πλαστὸς ὡς εἴην πατρί.   230
κἀγὼ βαρυνθεὶς τὴν μὲν οὖσαν ἡμέραν
μόλις κατέσχον, θατέρᾳ δ᾽ ἰὼν πέλας
μητρὸς πατρός τ᾽ ἤλεγχον· οἱ δὲ δυσφόρως
τοὔνειδος ἦγον τῷ μεθέντι τὸν λόγον.
κἀγὼ τὰ μὲν κείνοιν ἐτερπόμην, ὅμως δ᾽   235
ἔκνιζέ μ᾽ αἰεὶ τοῦθ᾽· ὑφεῖρπε γὰρ πολύ.
λάθρᾳ δὲ μητρὸς καὶ πατρὸς πορεύομαι
Πυθώδε, καί μ᾽Γ ὁ Φοῖβος ὧν μὲν ἱκόμην
⸌ἄτιμον ἐξέπεμψεν, ἄλλα δ᾽ ἀθλίῳ
καὶ δεινὰ καὶ δύστηνα προὔφηνεν λέγων,   240
ὡς μητρὶ μὲν χρείη με μειχθῆναι, γένος δ᾽
ἄτλητον ἀνθρώποισι δηλώσοιμ᾽ ὁρᾶν,
φονεὺς δ᾽ ἐσοίμην τοῦ φυτεύσαντος πατρός.⸍

12 Oedipus tells how he fled far from Corinth but, en route for Thebes,
became embroiled in a fight with an old man in a carriage and his
servants. (794–813)

OI.   κἀγὼ 'πακούσας ταῦτα τὴν ΚορινθίανΓ
        ἄστροις τὸ λοιπὸν ἐκμετρούμενος ⸌χθόνα   245
        ἔφευγον, ἔνθα μήποτ᾽ ὀψοίμην κακῶν
        χρησμῶν ὀνείδη τῶν ἐμῶν τελούμενα.
        στείχων δ᾽ ἱκνοῦμαι τούσδε τοὺς χώρους ἐν οἷς
        σὺ τὸν τύραννον τοῦτον ὄλλυσθαι λέγεις.
        καί σοι, γύναι, τἀληθὲς ἐξερῶ. τριπλῆς   250
        ὅτ᾽ ἦ κελεύθου τῆσδ᾽ ὁδοιπορῶν πέλας,
        ἐνταῦθά μοι κῆρύξ τε κἀπὶ πωλικῆς
        ἀνὴρ ἀπήνης ἐμβεβώς, οἷον σὺ φής,
        ξυνηντίαζον· κἀξ ὁδοῦ μ᾽ ὅ θ᾽ ἡγεμὼν
        αὐτός θ᾽ ὁ πρέσβυς πρὸς βίαν ἠλαυνέτην.   255
        κἀγὼ τὸν ἐκτρέποντα, τὸν τροχηλάτην,
        παίω δι᾽ ὀργῆς· καί μ᾽ ὁ πρέσβυς ὡς ὁρᾷ

ὄχους παραστείχοντα, τηρήσας μέσον
κάρα, διπλοῖς κέντροισί μου καθίκετο.

ἄστρον, τό star (2b)
ἄτιμος ον not graced in i.e.
    ignorant of (+gen.)
ἄτλητος ον unbearable
βαρύνομαι be distressed
*βία, ἡ force, violence (1b)
    πρὸς βίαν by force
δεῖπνον, τό dinner (2b)
*διπλόος η ον double (contr.
    διπλοῦς)
*δύστηνος η ον disastrous,
    miserable, unhappy
δυσφόρως ἄγω take badly, be
    angry at
Δωρίς, ἡ Dorian
ἐκμετρόομαι measure the
    distance from x (acc.) by y
    (dat.)
*ἐφίσταμαι stand over, befall
    (+dat.)
ἐφίστημι set over, cause,
    stop
θάτερος α ον next
καθικνέομαι (καθικ-) come
    down on (+gen.)

κατέχω restrain oneself
κεινοῖν 'of those two' (i.e. my
    parents)
κέλευθος, ἡ path, road (2a)
κέντρον, τό goad (2b)
κνίζω rankle
*Κορίνθιος α ον from Corinth
μέθη, ἡ strong drink (1a)
*μεθίημι (μεθε(ι)-) release, let
    fly; surrender; (mid.) relax,
    permit
*Μερόπη, ἡ Merope (1a)
*μέσος η ον middle (of)
*μήποτε never
*μίγνυμαι (μ(ε)ιχθ-) have
    intercourse with; mingle
    with (+dat.)
μίγνυμι (μ(ε)ιξ-) mix
μόλις scarcely
ὁδοιπορέω travel
ὄχοι, οἱ carriage (2a)
*παίω hit, punch, strike
παρ' οἴνῳ in his cups
πλαστός ή όν bastard
*Πόλυβος, ὁ Polybos (2a)

*πρέσβυς, ὁ old man (3e)
*προφαίνω prophecy, reveal;
    display, indicate
*Πυθώ (gen. -οῦς, dat. -οῖ), ἡ
    Pytho (the oracle at Delphi)
πωλικός ή όν drawn by foals
συναντιάζω encounter
    (+dat.)
*τελέω (τελεσ-) fulfil;
    complete, accomplish
τέρπομαι find pleasure in
τηρέω watch for
τὸ λοιπόν (adv.) from then on
*τοὔνειδος = τὸ ὄνειδος insult,
    rebuke (3c)
τροχηλάτης, ὁ charioteer (1d)
*τύραννος, ὁ ruler, sovereign
    (2a)
ὑπερπλησθείς overfull with
    (+gen.) (πίμπλημι)
ὑφέρπω get abroad (sc. 'the
    rumour')
*φυτεύω beget

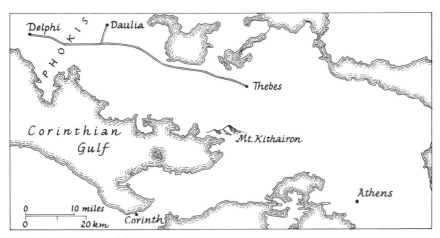

The area of the three roads

οὐ μὴν ἴσην γ᾽ ἔτεισεν, ἀλλὰ συντόμως   260
σκήπτρῳ τυπεὶς ἐκ τῆσδε χειρὸς ὕπτιος
μέσης ἀπήνης εὐθὺς ἐκκυλίνδεται·
κτείνω δὲ τοὺς ξύμπαντας.

13 Oedipus expresses his horror at the prospect that he might be the killer
of Laios and the polluting presence in the land. (813–33)

ΟΙ.   εἰ δὲ τῷ ξένῳ
τούτῳ προσήκει Λαΐῳ τι συγγενές,
τίς τοῦδέ γ᾽ ἀνδρὸς νῦν ἔτ᾽ ἀθλιώτερος,   265
τίς ἐχθροδαίμων μᾶλλον ἂν γένοιτ᾽ ἀνήρ,
ὃν μὴ ξένων ἔξεστι μηδ᾽ ἀστῶν τινι
δόμοις δέχεσθαι, μηδὲ προσφωνεῖν τινά,
ὠθεῖν δ᾽ ἀπ᾽ οἴκων; καὶ τάδ᾽ οὔτις ἄλλος ἦν
ἢ ᾽γὼ ᾽π᾽ ἐμαυτῷ τάσδ᾽ ἀρὰς ὁ προστιθείς.   270
λέχη δὲ τοῦ θανόντος ἐν χεροῖν ἐμαῖν
χραίνω, δι᾽ ὧνπερ ὤλετ᾽. ἆρ᾽ ἔφυν κακός;
ἆρ᾽ οὐχὶ πᾶς ἄναγνος; εἴ με χρὴ φυγεῖν,
καί μοι φυγόντι μῆστι τοὺς ἐμοὺς ἰδεῖν
μηδ᾽ ἐμβατεῦσαι πατρίδος, ἢ γάμοις με δεῖ   275
μητρὸς ζυγῆναι καὶ πατέρα κατακτανεῖν
Πόλυβον, ὃς ἐξέθρεψε κἀξέφυσέ με.
ἆρ᾽ οὐκ ἀπ᾽ ὠμοῦ ταῦτα δαίμονός τις ἂν
κρίνων ἐπ᾽ ἀνδρὶ τῷδ᾽ ἂν ὀρθοίη λόγον;
μὴ δῆτα μὴ δῆτ᾽, ὦ θεῶν ἁγνὸν σέβας,   280
ἴδοιμι ταύτην ἡμέραν, ἀλλ᾽ ἐκ βροτῶν
βαίην ἄφαντος πρόσθεν ἢ τοιάνδ᾽ ἰδεῖν
κηλῖδ᾽ ἐμαυτῷ συμφορᾶς ἀφιγμένην.

14 Iokaste encourages Oedipus to realise that there is a way to clear
himself. (834–62)

ΧΟ.   ἡμῖν μέν, ὦναξ, ταῦτ᾽ ὀκνήρ᾽· ἕως δ᾽ ἂν οὖν
πρὸς τοῦ παρόντος ἐκμάθῃς, ἔχ᾽ ἐλπίδα.   285
ΟΙ.   καὶ μὴν τοσοῦτόν γ᾽ ἐστί μοι τῆς ἐλπίδος,
τὸν ἄνδρα τὸν βοτῆρα προσμεῖναι μόνον.
ΙΟ.   πεφασμένου δὲ τίς ποθ᾽ ἡ προθυμία;

OI.   ἐγὼ διδάξω σ᾽· ἢν γὰρ εὑρεθῇ λέγων
       σοὶ ταῦτ᾽, ἔγωγ᾽ ἂν ἐκπεφευγοίην πάθος.   290

IO.   ποῖον δέ μου περισσὸν ἤκουσας λόγον;

OI.   λῃστὰς ἔφασκες αὐτὸν ἄνδρας ἐννέπειν
       ὥς νιν κατακτείνειαν. εἰ μὲν οὖν ἔτι
       λέξει τὸν αὐτὸν ἀριθμόν, οὐκ ἐγὼ ᾽κτανον·
       οὐ γὰρ γένοιτ᾽ ἂν εἷς γε τοῖς πολλοῖς ἴσος·   295
       εἰ δ᾽ ἄνδρ᾽ ἕν᾽ οἰόζωνον αὐδήσει, σαφῶς
       τοῦτ᾽ ἐστὶν ἤδη τοὔργον εἰς ἐμὲ ῥέπον.

IO.   ἀλλ᾽ ὡς φανέν γε τοὔπος ὧδ᾽ ἐπίστασο,
       κοὐκ ἔστιν αὐτῷ τοῦτό γ᾽ ἐκβαλεῖν πάλιν·
       πόλις γὰρ ἤκουσ᾽, οὐκ ἐγὼ μόνη, τάδε.   300
       εἰ δ᾽ οὖν τι κἀκτρέποιτο τοῦ πρόσθεν λόγου,
       οὔτοι ποτ᾽, ὦναξ, τόν γε Λαΐου φόνον
       φανεῖ δικαίως ὀρθόν, ὅν γε Λοξίας
       διεῖπε χρῆναι παιδὸς ἐξ ἐμοῦ θανεῖν.
       καίτοι νιν οὐ κεῖνός γ᾽ ὁ δύστηνός ποτε   305
       κατέκταν᾽, ἀλλ᾽ αὐτὸς πάροιθεν ὤλετο.
       ὥστ᾽ οὐχὶ μαντείας γ᾽ ἂν οὔτε τῇδ᾽ ἐγὼ
       βλέψαιμ᾽ ἂν οὕνεκ᾽ οὔτε τῇδ᾽ ἂν ὕστερον.

OI.   καλῶς νομίζεις. ἀλλ᾽ ὅμως τὸν ἐργάτην
       πέμψον τινὰ στελοῦντα μηδὲ τοῦτ᾽ ἀφῇς.   310

IO.   πέμψω ταχύνασ᾽· ἀλλ᾽ ἴωμεν ἐς δόμους.
       οὐδὲν γὰρ ἂν πράξαιμ᾽ ἂν ὧν οὔ σοι φίλον.

---

*ἁγνός ή όν pure, holy
ἄναγνος ον unclean, defiled
*ἀριθμός, ὁ number (2a)
ἄφαντος ον blotted out
*βοτήρ (βοτηρ-), ὁ herdsman
   (3a)
ἐκκυλίνδομαι be rolled out
   from (+gen.)
ἐμβατεύω set foot on (+gen.)
ἐπ᾽ ἀνδρὶ τῷδ᾽ 'in relation to
   this man' (i.e. Oedipus) (take
   with λόγον)
*ἐργάτης, ὁ worker, labourer
   (1d)
ἐχθροδαίμων ον hated by the
   gods
*ζεύγνυμαι (ζευξ-, ζυγ-) be
   joined in marriage

ζεύγνυμι yoke, bind, join
κηλίς (κηλιδ-), ἡ stain (3a)
Λαΐῳ συγγενές τι 'any tie
   with Laios'
*λέχος, τό bed, marriage (also
   in pl.) (3c)
μαντείας take with οὕνεκα
μῆστι=μὴ ἔστι it is not
   possible
οἰόζωνος ον lonely
ὀκνηρός ά όν troublesome,
   worrying
*ὀρθόω judge rightly; set
   upright, restore; make right
οὔτε τῇδε . . . οὔτε
   τῇδε 'neither on this side . .
   . nor that'
*πάροιθεν beforehand; in

front; before (+gen.)
περισσός ή όν special,
   remarkable
*πέφασμαι appear (perf. of
   φαίνομαι)
*προθυμία, ἡ desire; eagerness,
   good will (1b)
ῥέπω tilt, point
*σέβας, τό majesty, holiness
σκῆπτρον staff, stick (2b)
*συγγενής ές inborn, related
   to, relative
συντόμως with short shrift
ταχύνω make haste
*τίνω (τ(ε)ισ-) pay (with ἴσην
   sc. δίκην 'price')
ὕπτιος α ον supine
χραίνω stain, pollute

Target passage: The fall of Oedipus
(*Oedipus Tyrannus* 950–end (*pass.*))

Note: Sections **1–14** act as the introduction to this target.

(*The Chorus sing of their certainty that disaster will strike the man who does not uphold the everlasting laws of the gods, but express bewilderment at the apparent failure of the oracles concerning Laios. They pray they may be fulfilled. Iokaste comes in with prayers to Apollo to release them from the curse upon the city. A messenger now arrives from Corinth, looking for Oedipus, with the glad news that Oedipus' (supposed) father, King Polybos of Corinth, is dead and that the Corinthians want Oedipus for their king. Iokaste summons Oedipus to hear the news.*)

15 *Oedipus and Iokaste reflect on the unreliability of oracles. (950–88)*

ΟΙ.	ὦ φίλτατον γυναικὸς Ἰοκάστης κάρα,	
	τί μ' ἐξεπέμψω δεῦρο τῶνδε δωμάτων;	
ΙΟ.	ἄκουε τἀνδρὸς τοῦδε, καὶ σκόπει κλύων	315
	τὰ σέμν' ἵν' ἥκει τοῦ θεοῦ μαντεύματα.	
ΟΙ.	οὗτος δὲ τίς ποτ' ἐστὶ καὶ τί μοι λέγει;	
ΙΟ.	ἐκ τῆς Κορίνθου, πατέρα τὸν σὸν ἀγγελῶν	
	ὡς οὐκέτ' ὄντα Πόλυβον, ἀλλ' ὀλωλότα.	
ΟΙ.	τί φής, ξέν'; αὐτός μοι σὺ σημήνας γενοῦ.	320
ΑΓΓΕΛΟΣ		
	εἰ τοῦτο πρῶτον δεῖ μ' ἀπαγγεῖλαι σαφῶς,	
	εὖ ἴσθ' ἐκεῖνον θανάσιμον βεβηκότα.	
ΟΙ.	πότερα δόλοισιν, ἢ νόσου ξυναλλαγῇ;	
ΑΓ.	σμικρὰ παλαιὰ σώματ' εὐνάζει ῥοπή.	
ΟΙ.	νόσοις ὁ τλήμων, ὡς ἔοικεν, ἔφθιτο.	325
ΑΓ.	καὶ τῷ μακρῷ γε συμμετρούμενος χρόνῳ.	
ΟΙ.	φεῦ φεῦ, τί δῆτ' ἄν, ὦ γύναι, σκοποῖτό τις	
	τὴν Πυθόμαντιν ἑστίαν, ἢ τοὺς ἄνω	
	κλάζοντας ὄρνεις, ὧν ὑφηγητῶν ἐγὼ	
	κτενεῖν ἔμελλον πατέρα τὸν ἐμόν; ὃ δὲ θανὼν	330
	κεύθει κάτω δὴ γῆς· ἐγὼ δ' ὅδ' ἐνθάδε	
	ἄψαυστος ἔγχους, εἴ τι μὴ τὠμῷ πόθῳ	
	κατέφθιθ'· οὕτω δ' ἂν θανὼν εἴη 'ξ ἐμοῦ.	

τὰ δ' οὖν προδόντα συλλαβὼν θεσπίσματα
κεῖται παρ' "Αιδῃ Πόλυβος ἄξι' οὐδενός.   335
IO.   οὔκουν ἐγώ σοι ταῦτα προύλεγον πάλαι;
OI.   ηὔδας· ἐγὼ δὲ τῷ φόβῳ παρηγόμην.
IO.   μή νυν ἔτ' αὐτῶν μηδὲν ἐς θυμὸν βάλῃς.
OI.   καὶ πῶς τὸ μητρὸς οὐκ ὀκνεῖν λέχος με δεῖ;
IO.   τί δ' ἂν φοβοῖτ' ἄνθρωπος ᾧ τὰ τῆς τύχης   340
κρατεῖ, πρόνοια δ' ἐστὶν οὐδενὸς σαφής;
εἰκῇ κράτιστον ζῆν, ὅπως δύναιτό τις.
σὺ δ' ἐς τὰ μητρὸς μὴ φοβοῦ νυμφεύματα·
πολλοὶ γὰρ ἤδη κἀν ὀνείρασιν βροτῶν
μητρὶ ξυνηυνάσθησαν. ἀλλὰ ταῦθ' ὅτῳ   345
παρ' οὐδέν ἐστι, ῥᾷστα τὸν βίον φέρει.
OI.   καλῶς ἅπαντα ταῦτ' ἂν ἐξείρητό σοι,
εἰ μὴ 'κύρει ζῶσ' ἡ τεκοῦσα· νῦν δ' ἐπεὶ
ζῇ, πᾶσ' ἀνάγκη, κεἰ καλῶς λέγεις, ὀκνεῖν.
IO.   καὶ μὴν μέγας γ' ὀφθαλμὸς οἱ πατρὸς τάφοι.   350
OI.   μέγας, ξυνίημ'· ἀλλὰ τῆς ζώσης φόβος.

16   The messenger says he can calm Oedipus' fears that he may marry his
    'mother' Merope, wife of Polybos. (989–1016)

ΑΓ.   ποίας δὲ καὶ γυναικὸς ἐκφοβεῖσθ' ὕπερ;
OI.   Μερόπης, γεραιέ, Πόλυβος ἧς ᾤκει μέτα.

*Ἅιδης, ὁ Hades (1d: gen. can be
    "Αιδος, dat. "Αιδι)
ἄψαυστος ον who has not
    touched
γεραιός ά όν old
δόλος, ὁ treachery, deceit (2a)
*δῶμα, τό house, home (often
    pl.) (3b)
ἔγχος, τό sword (3c)
εἰκῇ at random
ἑστία, ἡ seat, hearth (1b)
εὐνάζω lull to sleep
θανάσιμος ον dead
θέσπισμα, τό prophecy (3b)
'Ιοκάστη, ἡ Iokaste (1a)
καταφθί(ν)ομαι waste away
κεύθω lie hidden
κλάζω scream
*Κόρινθος, ἡ Corinth (2a)

*κράτιστος η ον best, strongest
    (sup. of ἀγαθός, κρείττων)
*κυρέω chance, happen
*μάντευμα, τό oracle,
    prophecy (3b)
νυμφεύματα, τά marriage
    (3b)
ξυναλλαγή, ἡ visitation (1a)
ὄρνις (ὀρνιθ-), ἡ bird (3a)
ὀφθαλμός, ὁ comfort,
    blessing (2a)
παρ' οὐδέν meaningless
παράγω mislead
πόθος, ὁ desire (2a)
*πρόνοια, ἡ foresight,
    providence; (pre)-caution
    (1b)
Πυθόμαντις of Pytho
ῥοπή, ἡ turn of the scale (1a)

σέμνος η ον proud
σημήνας γενοῦ 'be one who
    signals' (σημαίνω), 'tell me'
*σμικρός = μικρός
συλλαμβάνω carry off with
    oneself
συμμετρούμενος 'in right
    measure with'
συνευνάζομαι lie with
συνίημι (συνε(ι)-) be aware,
    understand
τάφος, ὁ funeral rite (2a)
*τλήμων ον wretched;
    patient; resolute
ὑφηγητής, ὁ guide; leader
    (1d)
*φθί(ν)ω perish; waste away;
    decay

ΑΓ.   τί ἔστ᾽ ἐκείνης ὑμὶν ἐς φόβον φέρον;
ΟΙ.   θεήλατον μάντευμα δεινόν, ὦ ξένε.   355
ΑΓ.   ἦ ῥητόν; ἢ οὐχὶ θεμιτὸν ἄλλον εἰδέναι;
ΟΙ.   μάλιστά γ᾽· εἶπε γάρ με Λοξίας ποτὲ
      χρῆναι μιγῆναι μητρὶ τἠμαυτοῦ, τό τε
      πατρῷον αἷμα χερσὶ ταῖς ἐμαῖς ἑλεῖν.
      ὧν οὕνεχ᾽ ἡ Κόρινθος ἐξ ἐμοῦ πάλαι   360
      μακρὰν ἀπῳκεῖτ᾽· εὐτυχῶς μέν, ἀλλ᾽ ὅμως
      τὰ τῶν τεκόντων ὄμμαθ᾽ ἥδιστον βλέπειν.
ΑΓ.   ἦ γὰρ τάδ᾽ ὀκνῶν κεῖθεν ἦσθ᾽ ἀπόπτολις;
ΟΙ.   πατρός τε χρῄζων μὴ φονεὺς εἶναι, γέρον.
ΑΓ.   τί δῆτ᾽ ἐγὼ οὐχὶ τοῦδε τοῦ φόβου σ᾽, ἄναξ,   365
      ἐπείπερ εὔνους ἦλθον, ἐξελυσάμην;
ΟΙ.   καὶ μὴν χάριν γ᾽ ἂν ἀξίαν λάβοις ἐμοῦ.
ΑΓ.   καὶ μὴν μάλιστα τοῦτ᾽ ἀφικόμην, ὅπως
      σοῦ πρὸς δόμους ἐλθόντος εὖ πράξαιμί τι.
ΟΙ.   ἀλλ᾽ οὔποτ᾽ εἶμι τοῖς φυτεύσασίν γ᾽ ὁμοῦ.   370
ΑΓ.   ὦ παῖ, καλῶς εἶ δῆλος οὐκ εἰδὼς τί δρᾷς.
ΟΙ.   πῶς, ὦ γεραιέ; πρὸς θεῶν δίδασκέ με.
ΑΓ.   εἰ τῶνδε φεύγεις οὕνεκ᾽ εἰς οἴκους μολεῖν.
ΟΙ.   ταρβῶν γε μή μοι Φοῖβος ἐξέλθῃ σαφής.
ΑΓ.   ἦ μὴ μίασμα τῶν φυτευσάντων λάβῃς;   375
ΟΙ.   τοῦτ᾽ αὐτό, πρέσβυ, τοῦτό μ᾽ εἰσαεὶ φοβεῖ.
ΑΓ.   ἆρ᾽ οἶσθα δῆτα πρὸς δίκης οὐδὲν τρέμων;
ΟΙ.   πῶς δ᾽ οὐχί, παῖς γ᾽ εἰ τῶνδε γεννητῶν ἔφυν;
ΑΓ.   ὁθούνεκ᾽ ἦν σοι Πόλυβος οὐδὲν ἐν γένει.

17 The messenger explains how he had received the young Oedipus from
a shepherd, who was at that time working for Laios and who had
instructions to expose the child. (1017–46)

ΟΙ.   πῶς εἶπας; οὐ γὰρ Πόλυβος ἐξέφυσέ με;   380
ΑΓ.   οὐ μᾶλλον οὐδὲν τοῦδε τἀνδρός, ἀλλ᾽ ἴσον.
ΟΙ.   καὶ πῶς ὁ φύσας ἐξ ἴσου τῷ μηδενί;
ΑΓ.   ἀλλ᾽ οὔ σ᾽ ἐγείνατ᾽ οὔτ᾽ ἐκεῖνος οὔτ᾽ ἐγώ.
ΟΙ.   ἀλλ᾽ ἀντὶ τοῦ δὴ παῖδά μ᾽ ὠνομάζετο;
ΑΓ.   δῶρόν ποτ᾽, ἴσθι, τῶν ἐμῶν χειρῶν λαβών.   385
ΟΙ.   κᾆθ᾽ ὧδ᾽ ἀπ᾽ ἄλλης χειρὸς ἔστερξεν μέγα;
ΑΓ.   ἡ γὰρ πρὶν αὐτὸν ἐξέπεισ᾽ ἀπαιδία.

OI.   σὺ δ' ἐμπολήσας, ἢ τυχών μ' αὐτῷ δίδως;
ΑΓ.   εὑρὼν ναπαίαις ἐν Κιθαιρῶνος πτυχαῖς.
OI.   ὡδοιπόρεις δὲ πρὸς τί τούσδε τοὺς τόπους;   390
ΑΓ.   ἐνταῦθ' ὀρείοις ποιμνίοις ἐπεστάτουν.
OI.   ποιμὴν γὰρ ἦσθα κἀπὶ θητείᾳ πλάνης;
ΑΓ.   σοῦ δ', ὦ τέκνον, σωτήρ γε τῷ τότ' ἐν χρόνῳ.

---

*αἷμα, τό blood; kin; murder
   (3b)
ἀντὶ τοῦ; for what reason?
ἀπαιδία, ἡ childlessness (1b)
ἀπόπ(τ)ολις banished
γείνομαι beget
ἐμπολάω purchase, buy
ἐξ ἴσου (sc. ἐστί) 'is on an
   equal footing with' (+dat.)
ἐπιστατέω be in charge of
   (+dat.)
εὔνους ῆ ουν well-disposed,
   kind
θεήλατος ον divine
θεμιτός ή όν sanctioned by
   god

θητεία ἡ job (1b)
κᾀθ' = καὶ ἔτι
μακράν (sc. ὁδόν) a long way
μίασμα, τό stain, pollution
   (3b)
ναπαῖος α ον wooded
ὁδοιπορέω travel, journey
ὁθούνεκα because
*ὀνομάζομαι (mid.) call, name
   ὀνομάζω address, call
*ὄρειος α ον in the mountains
πλάνη, ἡ roaming (for work)
   (1b)
*ποίμνιον, τό (or ποίμνη, ἡ)
   flock (2b)
πρὸς δίκης justly

πτυχή, ἡ glen (1a)
ῥητός ή όν that may be
   mentioned
στέργω love
*ταρβέω fear
*τόπος, ὁ place, region; topic;
   chance (2a)
τοῦδε τἀνδρός 'than this man
   here' (i.e. the messenger)
*τρέμω tremble at, fear
*χρήζω desire, want, need
   (+gen.)

σοῦ δ', ὦ τέκνον, σωτήρ

OI. τί δ᾽ ἄλγος ἴσχοντ᾽ ἐν χεροῖν με λαμβάνεις;
ΑΓ. ποδῶν ἂν ἄρθρα μαρτυρήσειεν τὰ σά.   395
OI. οἴμοι, τί τοῦτ᾽ ἀρχαῖον ἐννέπεις κακόν;
ΑΓ. λύω σ᾽ ἔχοντα διατόρους ποδοῖν ἀκμάς.
OI. καλόν γ᾽ ὄνειδος σπαργάνων ἀνειλόμην.
ΑΓ. ὥστ᾽ ὠνομάσθης ἐκ τύχης ταύτης ὃς εἶ.
OI. ὦ πρὸς θεῶν, πρὸς μητρός, ἢ πατρός; φράσον.   400
ΑΓ. οὐκ οἶδ᾽· ὁ δοὺς δὲ ταῦτ᾽ ἐμοῦ λῶον φρονεῖ.
OI. ἦ γὰρ παρ᾽ ἄλλου μ᾽ ἔλαβες οὐδ᾽ αὐτὸς τυχών;
ΑΓ. οὔκ, ἀλλὰ ποιμὴν ἄλλος ἐκδίδωσί μοι.
OI. τίς οὗτος; ἦ κάτοισθα δηλῶσαι λόγῳ;
ΑΓ. τῶν Λαΐου δήπου τις ὠνομάζετο.   405
OI. ἦ τοῦ τυράννου τῆσδε γῆς πάλαι ποτέ;
ΑΓ. μάλιστα· τούτου τἀνδρὸς οὗτος ἦν βοτήρ.
OI. ἦ κἄστ᾽ ἔτι ζῶν οὗτος, ὥστ᾽ ἰδεῖν ἐμέ;
ΑΓ. ὑμεῖς γ᾽ ἄριστ᾽ εἰδεῖτ᾽ ἂν οὑπιχώριοι.

18 Oedipus demands to see this shepherd (who is in fact the same person who has already been summoned as witness of the fight): Iokaste's terrified pleas to desist are ignored. (1047–85)

OI. ἔστιν τις ὑμῶν τῶν παρεστώτων πέλας,   410
     ὅστις κάτοιδε τὸν βοτῆρ᾽, ὃν ἐννέπει,
     εἴτ᾽ οὖν ἐπ᾽ ἀγρῶν εἴτε κἀνθάδ᾽ εἰσιδών;
     σημήναθ᾽, ὡς ὁ καιρὸς ηὑρῆσθαι τάδε.
ΧΟ. οἶμαι μὲν οὐδέν᾽ ἄλλον ἢ τὸν ἐξ ἀγρῶν,
     ὃν κἀμάτευες πρόσθεν εἰσιδεῖν· ἀτὰρ
     ἥδ᾽ ἂν τάδ᾽ οὐχ ἥκιστ᾽ ἂν Ἰοκάστη λέγοι.   415
OI. γύναι, νοεῖς ἐκεῖνον, ὅντιν᾽ ἀρτίως
     μολεῖν ἐφιέμεσθα; τόνδ᾽ οὗτος λέγει;
IO. τί δ᾽ ὅντιν᾽ εἶπε; μηδὲν ἐντραπῇς. τὰ δὲ
     ῥηθέντα βούλου μηδὲ μεμνῆσθαι μάτην.
OI. οὐκ ἂν γένοιτο τοῦθ᾽, ὅπως ἐγὼ λαβὼν   420
     σημεῖα τοιαῦτ᾽ οὐ φανῶ τοὐμὸν γένος.
IO. μὴ πρὸς θεῶν, εἴπερ τι τοῦ σαυτοῦ βίου
     κήδῃ, ματεύσῃς τοῦθ᾽· ἅλις νοσοῦσ᾽ ἐγώ.
OI. θάρσει· σὺ μὲν γὰρ οὐδ᾽ ἐὰν τρίτης ἐγὼ   425
     μητρὸς φανῶ τρίδουλος, ἐκφανῇ κακή.
IO. ὅμως πιθοῦ μοι, λίσσομαι, μὴ δρᾶν τάδε.

OI.	οὐκ ἂν πιθοίμην μὴ οὐ τάδ' ἐκμαθεῖν σαφῶς.	
IO.	καὶ μὴν φρονοῦσά γ' εὖ τὰ λῷστά σοι λέγω.	
OI.	τὰ λῷστα τοίνυν ταῦτά μ' ἀλγύνει πάλαι.	430
IO.	ὦ δύσποτμ', εἴθε μήποτε γνοίης ὃς εἶ.	
OI.	ἄξει τις ἐλθὼν δεῦρο τὸν βοτῆρά μοι;	
	ταύτην δ' ἐᾶτε πλουσίῳ χαίρειν γένει.	
IO.	ἰοὺ ἰού, δύστηνε· τοῦτο γάρ σ' ἔχω	
	μόνον προσειπεῖν, ἄλλο δ' οὔποθ' ὕστερον.	435
XO.	τί ποτε βέβηκεν, Οἰδίπους, ὑπ' ἀγρίας	
	ᾄξασα λύπης ἡ γυνή; δέδοιχ' ὅπως	
	μὴ 'κ τῆς σιωπῆς τῆσδ' ἀναρρήξει κακά.	
OI.	ὁποῖα χρῄζει ῥηγνύτω· τοὐμὸν δ' ἐγώ,	
	κεἰ σμικρόν ἐστι, σπέρμ' ἰδεῖν βουλήσομαι.	440
	αὕτη δ' ἴσως, φρονεῖ γὰρ ὡς γυνὴ μέγα,	
	τὴν δυσγένειαν τὴν ἐμὴν αἰσχύνεται.	
	ἐγὼ δ' ἐμαυτὸν παῖδα τῆς Τύχης νέμων	
	τῆς εὖ διδούσης οὐκ ἀτιμασθήσομαι.	
	τῆς γὰρ πέφυκα μητρός· οἱ δὲ συγγενεῖς	445
	μῆνές με μικρὸν καὶ μέγαν διώρισαν.	
	τοιόσδε δ' ἐκφὺς οὐκ ἂν ἐξέλθοιμ' ἔτι	
	ποτ' ἄλλος, ὥστε μὴ 'κμαθεῖν τοὐμὸν γένος.	

(The Chorus wonder who Oedipus' parents are (perhaps some god?), and the shepherd comes in.)

ἀΐσσω (ᾀξ-) dash away
ἀκμή, ἡ pin (1a)
*ἄλγος, τό pain; suffering; grief (3c)
ἅλις enough
ἀναρήγνυμι (ἀναρηξ-) break out
ἄρθρον, τό joint (2b)
*ἀρχαῖος α ον ancient; old; former
διάτορος ον bored through
διορίζω declare, pronounce
δυσγένεια, ἡ low birth (1b)
*δύσποτμος ον unlucky;

cursed, ill-starred
ἐπιχώριος α ον native, local
*θαρσέω cheer up; be confident
*ἰοὺ ἰού alas! oh! (a cry of sorrow, joy or surprise)
ἴσχω have
*καιρός, ὁ right time; time; crisis (2a)
κήδομαι care for (+gen.)
λύπη, ἡ grief (1a)
*λῷος α ον (adv. λῷον) better (sup. λῷστος)
ματεύω seek

μάτην in vain, to no purpose
μείς (μην-), ὁ month (3a)
παρεστώς υἷα ός bystander
*ῥήγνυμι (ῥησσ-, ῥηξ-, ῥαγ-) break, shatter, burst
σπαργάνων 'from my cradle'
σπέρμα, τό race, seed (3b)
τὰ ῥηθέντα 'what has been spoken'
τρίδουλος ον α slave of three generations
τρίτος η ον third (i.e. the third generation of servility)

19 *The old man tries to evade the issue, but the messenger cheerfully prompts him.* (1121–51)

ΟΙ.　οὗτος σύ, πρέσβυ, δεῦρό μοι φώνει βλέπων
　　　ὅσ᾽ ἄν σ᾽ ἐρωτῶ. Λαΐου ποτ᾽ ἦσθα σύ;　　　　　　450
ΘΕΡΑΠΩΝ
　　　ἦ, δοῦλος οὐκ ὠνητός, ἀλλ᾽ οἴκοι τραφείς.
ΟΙ.　ἔργον μεριμνῶν ποῖον ἢ βίον τίνα;
ΘΕ.　ποίμναις τὰ πλεῖστα τοῦ βίου συνειπόμην.
ΟΙ.　χώροις μάλιστα πρὸς τίσι ξύναυλος ὤν;
ΘΕ.　ἦν μὲν Κιθαιρών, ἦν δὲ πρόσχωρος τόπος.　　　　455
ΟΙ.　τὸν ἄνδρα τόνδ᾽ οὖν οἶσθα τῇδέ που μαθών;
ΘΕ.　τί χρῆμα δρῶντα; ποῖον ἄνδρα καὶ λέγεις;
ΟΙ.　τόνδ᾽ ὃς πάρεστιν· ἢ ξυναλλάξας τί που;
ΘΕ.　οὐχ ὥστε γ᾽ εἰπεῖν ἐν τάχει μνήμης ἄπο.
ΑΓ.　κοὐδέν γε θαῦμα, δέσποτ᾽. ἀλλ᾽ ἐγὼ σαφῶς　　　460
　　　ἀγνῶτ᾽ ἀναμνήσω νιν. εὖ γὰρ οἶδ᾽ ὅτι
　　　κάτοιδεν ἦμος τὸν Κιθαιρῶνος τόπον
　　　ὃ μὲν διπλοῖσι ποιμνίοις, ἐγὼ δ᾽ ἑνὶ
　　　ἐπλησίαζον τῷδε τἀνδρὶ τρεῖς ὅλους
　　　ἐξ ἦρος εἰς ἀρκτοῦρον ἐκμήνους χρόνους·　　　465
　　　χειμῶνι δ᾽ ἤδη τἀμά τ᾽ εἰς ἔπαυλ᾽ ἐγὼ
　　　ἤλαυνον οὗτός τ᾽ ἐς τὰ Λαΐου σταθμά.
　　　λέγω τι τούτων, ἢ οὐ λέγω πεπραγμένον;
ΘΕ.　λέγεις ἀληθῆ, καίπερ ἐκ μακροῦ χρόνου.
ΑΓ.　φέρ᾽ εἰπὲ νῦν, τότ᾽ οἶσθα παῖδά μοί τινα　　　470
　　　δούς, ὡς ἐμαυτῷ θρέμμα θρεψαίμην ἐγώ;
ΘΕ.　τί δ᾽ ἔστι; πρὸς τί τοῦτο τοὔπος ἱστορεῖς;
ΑΓ.　ὅδ᾽ ἐστίν, ὦ τᾶν, κεῖνος ὃς τότ᾽ ἦν νέος.
ΘΕ.　οὐκ εἰς ὄλεθρον; οὐ σιωπήσας ἔσῃ;
ΟΙ.　ἆ, μὴ κόλαζε, πρέσβυ, τόνδ᾽, ἐπεὶ τὰ σὰ　　　475
　　　δεῖται κολαστοῦ μᾶλλον ἢ τὰ τοῦδ᾽ ἔπη.
ΘΕ.　τί δ᾽, ὦ φέριστε δεσποτῶν, ἁμαρτάνω;
ΟΙ.　οὐκ ἐννέπων τὸν παῖδ᾽ ὃν οὗτος ἱστορεῖ.
ΘΕ.　λέγει γὰρ εἰδὼς οὐδέν, ἀλλ᾽ ἄλλως πονεῖ.

20 *Despite further evasions, the truth finally emerges.* (1152–85)

ΟΙ.　σὺ πρὸς χάριν μὲν οὐκ ἐρεῖς, κλαίων δ᾽ ἐρεῖς.　　　480

ΘΕ.   μὴ δῆτα, πρὸς θεῶν, τὸν γέροντά μ᾽ αἰκίσῃ.
ΟΙ.   οὐχ ὡς τάχος τις τοῦδ᾽ ἀποστρέψει χέρας;
ΘΕ.   δύστηνος, ἀντὶ τοῦ; τί προσχρῄζων μαθεῖν;
ΟΙ.   τὸν παῖδ᾽ ἔδωκας τῷδ᾽ ὃν οὗτος ἱστορεῖ;
ΘΕ.   ἔδωκ᾽· ὀλέσθαι δ᾽ ὤφελον τῇδ᾽ ἡμέρᾳ.   485
ΟΙ.   ἀλλ᾽ ἐς τόδ᾽ ἥξεις μὴ λέγων γε τοὔνδικον.
ΘΕ.   πολλῷ γε μᾶλλον, ἢν φράσω, διόλλυμαι.
ΟΙ.   ἀνὴρ ὅδ᾽, ὡς ἔοικεν, ἐς τριβὰς ἐλᾷ.
ΘΕ.   οὐ δῆτ᾽ ἔγωγ᾽, ἀλλ᾽ εἶπον ὡς δοίην πάλαι.
ΟΙ.   πόθεν λαβών; οἰκεῖον, ἢ ᾽ξ ἄλλου τινός;   490

ἀγνώς (ἀγνωτ-) ignorant	*θαῦμα, τό wonder, astonishment (3b)	σταθμά, τά farm (2b)
αἰκίζομαι hurt, maltreat		συναλλάττω have dealings with
ἀναμιμνήσκω (fut. ἀναμνήσω) remind	θρέμμα, τό creature, babe (3b)	
	*ἱστορέω ask, record; inquire; examine	συνέπομαι follow, tend (+dat.)
ἀντὶ τοῦ; why?		
ἀρκτοῦρος, ὁ the rising of the star Arktouros (i.e. September)	κολαστής, ὁ punisher (1d)	τὸν ... τόπον 'in the region of'
	μεριμνάω be occupied with	
	μνήμη, ἡ memory (1a)	τραφείς raised (aor. pass. part. of τρέφω)
διπλόος η ον double (contr. διπλοῦς)	ξύναυλος ον living in	
	*οἰκεῖος α ον from the home; of the house; private; fitting	τριβή, ἡ delay (1a)
ἔκμηνος ον of six months		φέριστος η ον best
ἔπαυλα, τά fold (2b)	πλησιάζω be a companion with (+dat.)	ὠνητός ή όν bought
ἦμος when		*ὤφελον would that I (+inf.)
ἦρ (ἠρ-), τό spring (i.e. March)	*πονέω work, be busy	
	πρόσχωρος ον neighbouring	

ἰοὺ ἰού, δύστηνε: Iokaste (far right) realises the truth

ΘΕ. ἐμὸν μὲν οὐκ ἔγωγ', ἐδεξάμην δέ του.

ΟΙ. τίνος πολιτῶν τῶνδε κἀκ ποίας στέγης;

ΘΕ. μὴ πρὸς θεῶν, μή, δέσποθ', ἱστόρει πλέον.

ΟΙ. ὄλωλας, εἴ σε ταῦτ' ἐρήσομαι πάλιν.

ΘΕ. τῶν Λαΐου τοίνυν τις ἦν γεννημάτων.   495

ΟΙ. ἦ δοῦλος, ἢ κείνου τις ἐγγενὴς γεγώς;

ΘΕ. οἴμοι, πρὸς αὐτῷ γ' εἰμὶ τῷ δεινῷ λέγειν.

ΟΙ. κἄγωγ' ἀκούειν· ἀλλ' ὅμως ἀκουστέον.

ΘΕ. κείνου γέ τοι δὴ παῖς ἐκλῄζεθ'· ἡ δ' ἔσω
    κάλλιστ' ἂν εἴποι σὴ γυνὴ τάδ' ὡς ἔχει.   500

ΟΙ. ἦ γὰρ δίδωσιν ἥδε σοι;   ΘΕ. μάλιστ', ἄναξ.

ΟΙ. ὡς πρὸς τί χρείας;   ΘΕ. ὡς ἀναλώσαιμί νιν.

ΟΙ. τεκοῦσα τλήμων;   ΘΕ. θεσφάτων γ' ὄκνῳ κακῶν.

ΟΙ. ποίων;   ΘΕ. κτενεῖν νιν τοὺς τεκόντας ἦν λόγος.

ΟΙ. πῶς δῆτ' ἀφῆκας τῷ γέροντι τῷδε σύ;   505

ΘΕ. κατοικτίσας, ὦ δέσποθ', ὡς ἄλλην χθόνα
    δοκῶν ἀποίσειν, αὐτὸς ἔνθεν ἦν· ὃ δὲ
    κάκ' ἐς μέγιστ' ἔσωσεν. εἰ γὰρ οὗτος εἶ
    ὅν φησιν οὗτος, ἴσθι δύσποτμος γεγώς.

ΟΙ. ἰοὺ ἰού· τὰ πάντ' ἂν ἐξήκοι σαφῆ.   510
    ὦ φῶς, τελευταῖόν σε προσβλέψαιμι νῦν,
    ὅστις πέφασμαι φύς τ' ἀφ' ὧν οὐ χρῆν, ξὺν οἷς τ'
    οὐ χρῆν ὁμιλῶν, οὕς τέ μ' οὐκ ἔδει κτανών.

21 The Chorus sing that man is nothing – as Oedipus' fate demonstrates.
     (1186–1203)

ΧΟ. ἰὼ γενεαὶ βροτῶν,   στροφή*
    ὡς ὑμᾶς ἴσα καὶ τὸ μη-   515
    δὲν ζώσας ἐναριθμῶ.
      τίς γάρ, τίς ἀνὴρ πλέον
    τᾶς εὐδαιμονίας φέρει
    ἢ τοσοῦτον ὅσον δοκεῖν
    καὶ δόξαντ' ἀποκλῖναι;   520
    τὸν σόν τοι παράδειγμ' ἔχων,
    τὸν σὸν δαίμονα, τὸν σόν, ὦ
    τλᾶμον Οἰδιπόδα, βροτῶν
      οὐδὲν μακαρίζω·

* στροφή and ἀντιστροφή are the corresponding metrical units into which the chorus is
divided.

ἂν ἔξηκοι *this use of* ἂν + *opt.*
  indicates an exclamation
ἀναλίσκω (ἀναλωσ-) destroy
ἀποκλίνω fall away
*γεγώς υἶα ός born, being
  (perf. part. of γίγνομαι)
*γενεά, ή race, family (1b)
γέννημα, τό child (3b)
ἐναριθμέω account
ἔνθεν from where

*εὐδαιμονία, ή prosperity,
  happiness (1b)
θέσφατος ον decreed by god
ἴσα καί equal to
*ἴω alas! hail! (*exclamation
  invoking aid, or showing grief,
  pain*)
κατοικτίζω take pity
μακαρίζω call happy
ὄκνος, ὁ fear (2a)

ὁμιλέω consort with
ὅσον δοκεῖν 'as to seem' (sc.
  'to be happy')
παράδειγμα, τό pattern (3b)
πρὸς αὐτῷ . . . τῷ δεινῷ 'on
  the brink of dreadful'
στέγη, ή roof, house
τελευταῖον for the last time
ὡς πρὸς τί χρείας lit. 'as for
  what (of) purpose?'

Oedipus threatens the old man

ὅστις καθ᾽ ὑπερβολὰν   ἀντιστροφή   525
τοξεύσας ἐκράτησας τοῦ
πάντ᾽ εὐδαίμονος ὄλβου,
  ὦ Ζεῦ, κατὰ μὲν φθίσας
τὰν γαμψώνυχα παρθένον
χρησμῳδόν, θανάτων δ᾽ ἐμᾷ   530
χώρᾳ πύργος ἀνέστας·
ἐξ οὗ καὶ βασιλεὺς καλῇ
ἐμὸς καὶ τὸ μέγιστ᾽ ἐτι-
μάθης, ταῖς μεγάλαισιν ἐν
  Θήβαισιν ἀνάσσων.   535

22 *Who is more miserable than Oedipus, found out by time?* (1204–22)

XO.   τανῦν δ᾽ ἀκούειν τίς ἀθλιώτερος;   στροφή
       τίς ἄταις ἀγρίαις, τίς ἐν πόνοις
         ξύνοικος ἀλλαγᾷ βίου;
       ἰὼ κλεινὸν Οἰδίπου κάρα,
         ᾧ μέγας λιμὴν
         αὑτὸς ἤρκεσεν   540
         παιδὶ καὶ πατρὶ
         θαλαμηπόλῳ πεσεῖν,
       πῶς ποτε πῶς ποθ᾽ αἱ πατρῷ-
       αί σ᾽ ἄλοκες φέρειν, τάλας,
       σῖγ᾽ ἐδυνάθησαν ἐς τοσόνδε;   545

       ἐφηῦρέ σ᾽ ἄκονθ᾽ ὁ πάνθ᾽ ὁρῶν χρόνος,   ἀντιστροφή
       δικάζει τὸν ἄγαμον γάμον πάλαι
         τεκνοῦντα καὶ τεκνούμενον.
       ἰὼ Λαΐειον ὦ τέκνον,   550
         εἴθε σ᾽ εἴθε σε
         μήποτ᾽ εἰδόμαν.
         δύρομαι γὰρ ὥσ-
         περ ἰήλεμον χέων
       ἐκ στομάτων. τὸ δ᾽ ὀρθὸν εἰ-   555
       πεῖν, ἀνέπνευσά τ᾽ ἐκ σέθεν
       καὶ κατεκοίμησα τοὐμὸν ὄμμα.

Enter a messenger (1223–1306)

MESSENGER. Ever most honoured of our country,
       What deeds you will hear, what horrors you will see, what
       grief you will make your own, if you still
       have regard for the house of Labdakos, as men of your stock should.
       Not the Ister, no, nor the Phasis, I think,
       could wash and cleanse this house, so much evil it hides,
       or presently will bring to light, whether it will or no.
       Of all disasters, they hurt the most which turn out to be self-inflicted.

CHO.   What we knew before was enough to engender
       the deepest grief. What can you add to that?

ME.   The quickest of my words to speak and learn is –
       our royal queen, Iokaste, is dead.

CHO.   Unhappy woman! But how?

ME.   Suicide. Since you were not there to see it,
       You cannot know the most agonising side of the events.
       However, in so far as I can recall them,
       you will learn the sufferings of that miserable woman.
       When in anger she entered the vestibule,
       she rushed straight towards the marriage bed,
       tearing her hair with both hands.
       And when she had gone inside, slamming the doors behind her,
       she called upon Laios – dead so long ago –
       resurrecting the memory of the child of their union, at whose hands
       he had died and left her to produce children from her own
       child, a ghastly brood, with his.
       And she mourned that bed, where in double tragedy she

ἄγαμος ον which is no marriage
ἀλλαγή, ἡ change, reversal (1a)
ἄλοξ (ἀλοκ-), ἡ furrow made in ploughing (i.e. wife) (3a)
ἀναπνέω revive, draw breath
ἀνάσσω rule
ἀρκέω be sufficient for
ἄτη, ἡ ruin, doom (1a)
αὐτός = ὁ αὐτός

γαμψώνυξ crooked-taloned
δύρομαι wail, lament
θαλαμηπόλος, ὁ bridegroom (2a)
*Θῆβαι, αἱ Thebes (1a)
ἰήλεμος, ὁ dirge (2a)
καλῇ 'you are called'
κατακοιμάω put to sleep
κλεινός ή όν famous
ὄλβος, ὁ fortune (2a)
ὅστις you who (i.e. Oedipus)

*πύργος, ὁ tower, defence (2a)
σέθεν = σοῦ
σύνοικος ον tied to
τανῦν now
*τεκνόω beget children
τοξεύω shoot
ὑπερβολά, ἡ consummate skill (1c)
χέω pour
χρησμῳδός όν oracular (i.e. the Sphinx)

bore husband from husband, children from child.
How after this she died I do not know.
For with a scream, Oedipus burst in, preventing
us from seeing her further suffering – for our eyes
were entirely fixed on him.
Pacing wildly about, he begged us for a sword,
asking where he might find the wife who was no wife, but a mother,
the double furrow from which he and his children had sprung.
In his madness some god showed him –
it was certainly none of us who were with him then.
With a terrifying shriek, as if drawn by some guide,
he hurled himself at the double doors, and from their bases
he forced the bolts until they bent, and dashed into the room.
And there it was we saw the woman hanging,
at the end of a plaited, swinging noose.
When he saw her, with a dreadful anguished roar,
he released the hanging halter; and when upon the ground
she lay, poor soul, what happened next froze our very blood.
Tearing away from her garments the golden brooches
which pinned up her dress, he raised them up
and plunged them into the sockets of his eyes,
with words like: 'Never look on me again! Never see what I suffered!
Never see the crimes I committed!
In darkness for the rest of time, look on those
whom you should not have seen! Be blind to those you long to see!'
Chanting thus, he pounded his eye-balls, piercing
blow upon blow. His bleeding sockets
soaked his beard – not sluggish gouts of blood,
but a dark rainstorm, a hail of blood came teeming down.
This storm has broken on man and wife alike, disaster for both.
The happiness they had experienced until recently was a just
happiness: but on this day
doom, lamentation, death, disgrace – of all the horrors
men can name, none is wanting here.

CHO.   Is there some respite from pain for him now, poor soul?
ME.   He is shouting for someone to unbolt the doors and show
        to all the Thebans the one who killed his father, the one who
        took his mother and – unholy words! I cannot say them.
        He will, he cries, cast himself from this land, and no longer
        remain accursed by his own curse in his house. It is strength

he lacks, and a guide too: his pollution is more than he can bear.
Look! You will see for yourself. The doors are opening.
Soon you will see a sight to rouse your pity even as you
recoil in horror from it.
(Enter the blind Oedipus)

CHO. O suffering sickening for humanity to see,
vision more harrowing than any I have faced!
What paroxysm of madness came upon you?
What god, leaping a mightier leap than any,
has landed on your tragic, god-struck life?
Miserable, wretched being!
For all that I wish to ask and learn and see,
I cannot look on you, so repulsive the sight of you.

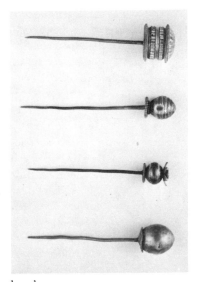

'The golden brooches which pinned up her dress'

23 *The mutilated Oedipus laments his fortune.* (*1307–20*)

OI.   αἰαῖ αἰαῖ,
        φεῦ φεῦ,
        δύστανος ἐγώ,   560
        ποῖ γᾶς φέρομαι τλάμων; πᾷ μοι
        φθογγὰ διαπωτᾶται φοράδην;
        ἰὼ δαῖμον, ἵν’ ἐξήλου.
XO.   ἐς δεινόν, οὐδ’ ἀκουστόν, οὐδ’ ἐπόψιμον.
OI.   ἰὼ σκότου   στροφή 565
        νέφος ἐμὸν ἀπότροπον, ἐπιπλόμενον ἄφατον,
        ἀδάματόν τε καὶ δυσούριστον ὄν.
        οἴμοι,
        οἴμοι μάλ’ αὖθις· οἷον εἰσέδυ μ’ ἅμα
        κέντρων τε τῶνδ’ οἴστρημα καὶ μνήμη κακῶν.   570
XO.   καὶ θαῦμά γ’ οὐδὲν ἐν τοσοῖσδε πήμασιν
        διπλᾶ σε πενθεῖν καὶ διπλᾶ φέρειν κακά.

24 *Oedipus pleads to be led away.* (*1321–48*)

OI.   ἰὼ φίλος,   ἀντιστροφή
        σὺ μὲν ἐμὸς ἐπίπολος ἔτι μόνιμος· ἔτι γὰρ
        ὑπομένεις με τὸν τυφλὸν κηδεύων.   575
        φεῦ φεῦ·
        οὐ γάρ με λήθεις, ἀλλὰ γιγνώσκω σαφῶς,
        καίπερ σκοτεινός, τήν γε σὴν αὐδὴν ὅμως.
XO.   ὦ δεινὰ δράσας, πῶς ἔτλης τοιαῦτα σὰς
        ὄψεις μαρᾶναι; τίς σ’ ἐπῆρε δαιμόνων;   580
OI.   ’Απόλλων τάδ’ ἦν, ’Απόλλων, φίλοι,   στροφή
        ὁ κακὰ κακὰ τελῶν ἐμὰ τάδ’ ἐμὰ πάθεα.
        ἔπαισε δ’ αὐτόχειρ νιν οὔ-
        τις, ἀλλ’ ἐγὼ τλάμων.
        τί γὰρ ἔδει μ’ ὁρᾶν,   585
        ὅτῳ γ’ ὁρῶντι μηδὲν ἦν ἰδεῖν γλυκύ;
XO.   ἦν ταῦθ’ ὅπωσπερ καὶ σὺ φής.
OI.   τί δῆτ’ ἐμοὶ βλεπτὸν ἦν
        στερκτόν, ἢ προσήγορον
        ἔτ’ ἔστ’ ἀκούειν ἁδονᾷ, φίλοι;   590
        ἀπάγετ’ ἐκτόπιον ὅτι τάχιστά με,

ἀδάματος ον unconquered, irresistible

ἀπότροπος ον from which one turns away, repulsive

αὐδή, ἡ voice (1a)

αὐτόχειρ with the very hand

ἄφατος ον unspeakable

διαπωτάομαι fly

δυσούριστος ον fatally sped on

*δύστανος = δύστηνος *(and note* η→α *elsewhere)*

εἰσδύ(ν)ω (aor.
  εἰσέδυν) enter, pierce

ἐκτόπιος α ον out of the way

ἐξάλλομαι (aor. ἐξηλόμην) leap, spring

ἐπαίρω urge on

ἐπιπλόμενος η ον encroaching

ἐπίπολος, ὁ companion (2a)

ἐπόψιμος ον that can be looked upon

ἔστι it is possible

κέντρον, τό pangs (2b)

κηδεύω tend, take charge of

μαραίνω quench

μνήμη, ἡ remembrance (1a)

μόνιμος (η) ον steadfast

νέφος, τό cloud (3c)

οἴστρημα, τό pain, stab (3b)

ὅπωσπερ as

πενθέω mourn aloud, lament

*πῇ; how? which way?

*ποῖ γᾶς; to where on earth?

προσήγορος, ὁ greeting (2a)

*σκοτεινός ή όν dark, obscure

*σκότος, ὁ darkness (2a)

στερκτός ή όν to be enjoyed

*τλάω (τλη-, τλα-) endure; be patient; dare

φθογγά, ἡ voice (1b)

φοράδην born along

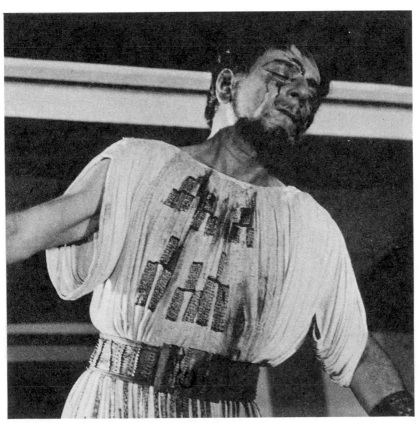

αἰαῖ αἰαῖ, φεῦ φεῦ, δύστανος ἐγώ

ἀπάγετ᾽, ὦ φίλοι, τὸν μέγ᾽ ὀλέθριον,
τὸν καταρατότατον, ἔτι δὲ καὶ θεοῖς
ἐχθρότατον βροτῶν.
XO.   δείλαιε τοῦ νοῦ τῆς τε συμφορᾶς ἴσον,   59⟨⟩
ὡς σ᾽ ἠθέλησα μηδαμὰ γνῶναί ποτ᾽ ἄν.

25 Oedipus curses the man who saved him from death as a child.
(1349–66)

OI.   ὄλοιθ᾽ ὅστις ἦν ὃς ἀγρίας πέδας   ἀντιστροφή
νομάδος ἐπὶ πόας λῦσε μ᾽ ἀπό τε φόνου
ἔρυτο κἀνέσωσεν, οὐ-
δὲν ἐς χάριν πράσσων.   600
τότε γὰρ ἂν θανὼν
οὐκ ἦ φίλοισιν οὐδ᾽ ἐμοὶ τοσόνδ᾽ ἄχος.
XO.   θέλοντι κἀμοὶ τοῦτ᾽ ἂν ἦν.
OI.   οὔκουν πατρός γ᾽ ἂν φονεὺς
ἦλθον, οὐδὲ νυμφίος   605
βροτοῖς ἐκλήθην ὧν ἔφυν ἄπο.
νῦν δ᾽ ἄθεος μέν εἰμ᾽, ἀνοσίων δὲ παῖς,
ὁμογενὴς δ᾽ ἀφ᾽ ὧν αὐτὸς ἔφυν τάλας.
εἰ δέ τι πρεσβύτερον ἔτι κακοῦ κακόν,
τοῦτ᾽ ἔλαχ᾽ Οἰδίπους.   610

26 The horror of blindness. (1367–90)

XO.   οὐκ οἶδ᾽ ὅπως σε φῶ βεβουλεῦσθαι καλῶς.
κρείσσων γὰρ ἦσθα μηκέτ᾽ ὢν ἢ ζῶν τυφλός.
OI.   ὡς μὲν τάδ᾽ οὐχ ὧδ᾽ ἔστ᾽ ἄριστ᾽ εἰργασμένα,
μή μ᾽ ἐκδίδασκε, μηδὲ συμβούλευ᾽ ἔτι.
ἐγὼ γὰρ οὐκ οἶδ᾽ ὄμμασιν ποίοις βλέπων   615
πατέρα ποτ᾽ ἂν προσεῖδον εἰς Ἅιδου μολών,
οὐδ᾽ αὖ τάλαιναν μητέρ᾽, οἷν ἐμοὶ δυοῖν
ἔργ᾽ ἐστὶ κρείσσον᾽ ἀγχόνης εἰργασμένα.
ἀλλ᾽ ἡ τέκνων δῆτ᾽ ὄψις ἦν ἐφίμερος,
βλαστοῦσ᾽ ὅπως ἔβλαστε, προσλεύσσειν ἐμοί;   620
οὐ δῆτα τοῖς γ᾽ ἐμοῖσιν ὀφθαλμοῖς ποτε·
οὐδ᾽ ἄστυ γ᾽, οὐδὲ πύργος, οὐδὲ δαιμόνων

ἀγάλμαθ' ἱερά, τῶν ὁ παντλήμων ἐγὼ
κάλλιστ' ἀνὴρ εἷς ἔν γε ταῖς Θήβαις τραφεὶς
ἀπεστέρησ' ἐμαυτόν, αὐτὸς ἐννέπων   625
ὠθεῖν ἅπαντας τὸν ἀσεβῆ, τὸν ἐκ θεῶν
φανέντ' ἄναγνον καὶ γένους τοῦ Λαΐου.
τοιάνδ' ἐγὼ κηλῖδα μηνύσας ἐμὴν
ὀρθοῖς ἔμελλον ὄμμασιν τούτους ὁρᾶν;
ἥκιστά γ'· ἀλλ' εἰ τῆς ἀκουούσης ἔτ' ἦν   630
πηγῆς δι' ὤτων φραγμός, οὐκ ἂν ἐσχόμην
τὸ μὴ ἀποκλῆσαι τοὐμὸν ἄθλιον δέμας,
ἵν' ἦ τυφλός τε καὶ κλύων μηδέν· τὸ γὰρ
τὴν φροντίδ' ἔξω τῶν κακῶν οἰκεῖν γλυκύ.

27 How could it all have been allowed to happen? (1391–1415)

OI.   ἰὼ Κιθαιρών, τί μ' ἐδέχου; τί μ' οὐ λαβὼν   635
ἔκτεινας εὐθύς, ὡς ἔδειξα μήποτε
ἐμαυτὸν ἀνθρώποισιν ἔνθεν ἦ γεγώς;
ὦ Πόλυβε καὶ Κόρινθε καὶ τὰ πάτρια
λόγῳ παλαιὰ δώμαθ', οἷον ἆρά με
κάλλος κακῶν ὕπουλον ἐξεθρέψατε.   640

ἄγαλμα, τό statue, image (3b)
ἀγχόνη, ἡ strangling (1a)
ἄθεος ον forsaken by the gods
ἄναγνος ον unholy, defiled
ἀποκλήω lock away
ἄχος, τό grief, anguish (3c)
βλαστάνω (βλαστ-) be born
δείλαιος α ον poor, miserable
δέμας, τό body
ἐφίμερος ον delightful
ἵνα in order that (takes ind.
     when dependent on an act
     which is not fulfilled cf. ὡς
     ἔδειξα l. 636)
κάλλος, τό beauty (3c)

κατάρατος ον accursed
κηλίς (κηλιδ-), ἡ stain,
     pollution (3a)
κρεῖσσον' greater than, i.e.
     'too bad for'
μηδαμά not at all
μηνύω reveal, make known
νομάς (νομαδ-) in the wilds
νυμφίος, ὁ bridegroom (2a)
οἷν δυοῖν 'against both of
     whom'
*ὀλέθριος ον destructive,
     deadly
ὁμογενὴς ἀφ' ὧν 'sharing
     children with those from

     whom'
οὖς (ὠτ-), τό ear (3b)
παντλήμων ον all-wretched
πέδη, ἡ fetter (1a)
πηγή, ἡ fount, source (1a)
πόα, ἡ grass (1b)
προσλεύσσω see
συμβουλεύω counsel, advise
ὕπουλος ον festering
     underneath with (+gen.)
φραγμός, ὁ blocking (2a)
φροντίς (φροντιδ-), ἡ
     thought (3a)

νῦν γὰρ κακός τ' ὢν κἀκ κακῶν εὑρίσκομαι.
ὦ τρεῖς κέλευθοι καὶ κεκρυμμένη νάπη
δρυμός τε καὶ στενωπὸς ἐν τριπλαῖς ὁδοῖς,
αἳ τοὐμὸν αἷμα τῶν ἐμῶν χειρῶν ἄπο
ἐπίετε πατρός, ἀρά μου μέμνησθ' ἔτι   645
οἳ' ἔργα δράσας ὑμὶν εἶτα δεῦρ' ἰὼν
ὁποῖ' ἔπρασσον αὖθις; ὦ γάμοι γάμοι,
ἐφύσαθ' ἡμᾶς, καὶ φυτεύσαντες πάλιν
ἀνεῖτε ταὐτὸν σπέρμα, κἀπεδείξατε
πατέρας, ἀδελφούς, παῖδας, αἷμ' ἐμφύλιον,   650
νύμφας γυναῖκας μητέρας τε, χὠπόσα
αἴσχιστ' ἐν ἀνθρώποισιν ἔργα γίγνεται.
    ἀλλ', οὐ γὰρ αὐδᾶν ἔσθ' ἃ μηδὲ δρᾶν καλόν,
ὅπως τάχιστα πρὸς θεῶν ἔξω μέ που
καλύψατ', ἢ φονεύσατ', ἢ θαλάσσιον   655
ἐκρίψατ', ἔνθα μήποτ' εἰσόψεσθ' ἔτι.
ἴτ', ἀξιώσατ' ἀνδρὸς ἀθλίου θιγεῖν·
πίθεσθε, μὴ δείσητε· τἀμὰ γὰρ κακὰ
οὐδεὶς οἷός τε πλὴν ἐμοῦ φέρειν βροτῶν.

CHO.   But here, at the right time to act and give advice
         in what you ask, comes Kreon, who has been left as
         sole guardian of the land in your place.

OE.   Oh! What words can I say to this man?
         What bond of trust will he find in me? For in all that
         has gone before I have been proved utterly wrong.

KREON   Oedipus, I have not come to laugh at you,
         nor to taunt you for all the evil that is past.
         But if you still have no shame before the race of men,
         revere at least the all-nourishing flame of
         our Lord, the sun, and do not show uncovered such a curse as
         this, which neither earth nor holy rain nor light will welcome.
         (*To a servant*)
         Quickly now, take him into the house. The family alone should
         see and hear family tragedies.

OE.   In god's name, since you have disabused me of my fears,
         coming and treating me, the vilest of men, with such nobility,
         do something for me – and I shall speak to your benefit, not mine.

KR.   What favour do you beg me to grant?

OE.   Eject me from this land as quickly as you can, where
         I can address no mortal being.

KR.   I would have done, be sure of that, had not I wished
      first to learn from the god what I should do.
OE.   But the whole of his response was made clear,
      that I, the parricide, the cursed one, should die.
KR.   Yes, those were his words. Still, it is better to find out
      what must be done in relation to our present need.
OE.   And will you ask about a man so wretched?   .
KR.   Yes, since you will now trust in the god.
OE.   I shall, and upon you I lay this charge and ask it:
      for her within the house yourself arrange the burial you desire.
      It is right that you do this for your relatives.
      But let this, the city of my father, never be condemned
      to have me dwelling here alive,
      but let me live in the mountains, where Kithairon –
      my Kithairon, it is called – stands, which both my mother
      and my father arranged as my appointed tomb,
      where I might die by the decree of those two who ruined me.
      And yet so much I know at least, that neither could disease
      destroy me nor any other thing: for I would never have been spared
      death but for some grim, evil end.
      But let my fate run where it will.
      As for my male children, do not be concerned for them, Kreon.
      They are men, so will never lack for a livelihood, wherever they are.
      But my two poor, pitiable girls, who were never separated from me
      at table, but always shared everything I had – take care of them.
      Most of all – let me touch them with my hands, let us weep together
      for our troubles.
      Come, my lord, come, nobly born Kreon. If I could touch them
      with my hands, I would think I held them as I did when I could see.
      But what am I saying? In god's name, do I not hear somewhere
      my loved ones' tears? Has Kreon in his pity sent me my dearest loves?
      Am I right?   ‘

ἀνίημι (ἀνε(ι)-) produce,   θιγγάνω (θιγ-) touch   νύμφη, ἡ bride (1a)
    yield   (+gen.)   σπέρμα, τό seed, children (3b)
δρυμός, ὁ thicket, copse (2a)   κεκρυμμένος η ον secret (perf.   στενωπός, ὁ defile, pass (2a)
ἐκρίψατ' = ἐκ-ρίπτω   part. pass. of κρύπτω)   ταὐτόν 'from the same
ἐμφύλιος ον interrelated   κέλευθος, ἡ road, path (2a)   source'
θαλάσσιος (a) ον of, in the sea   νάπη, ἡ glen (1a)

KR.   You are. I have done this since I know of old the joy you find in
their presence.

OE.   Blessings upon you, Kreon, and god guard you better on life's journey
than he did me!
My children, where are you? Come, come here to my hands,
a brother's hands, which have made your father's once bright eyes
look like this – I, your father, the blind,
uncomprehending plougher of the furrow from which I came.
I weep for you both. I cannot see you.
I think of the rest of your life, how bitter it must be,
what men will think.
To what gatherings of citizens will you go,
to what festivals, from which you will not return
home in tears, instead of pleasure, at the spectacle?
But when you reach the age for marriage, who will that man be, children,
who will discount the insults hurled at
my children, to hurt them and those that marry them?
What disasters are not in store here? Your father killed his father;
he put seed into his mother, in whom he was himself conceived,
and from the same womb that bore him, begat you.
Such reproaches you will have to bear. Then who will marry you?
No one, my children, no one: the certainty is that
you will die unmarried, barren.
Kreon, son of Menoikeus, since you have been left
as only father to these – for I who planted the seed
have destroyed the two of them – do not stand by and allow them
to wander round like beggars, poor, unmarried. They are
relatives of yours! Do not make them my equals in wretchedness,
but pity them, seeing them, at their age, deprived of everything,
except what you can give them.
Give your assent, noble Kreon, by touching my hand.
If you two were older and more sensible, there is much
I should wish to say. But now make this prayer for me,
to live as best you may, and a better life than
your father's, who begot you.

KR.   Enough tears now: come inside the house.

OE.   I must obey, hard though it is.

KR.   All comes right, if one acts at the right time.

OE.   You know the conditions on which I shall go?

KR.   Speak, then I shall hear and know.

OE.	Ensure that you send me to live far from Thebes.
KR.	The gift you ask is for the god to bestow.
OE.	But I have come to be hated by the gods.
KR.	So your wish will soon be granted.
OE.	You agree, then?
KR.	I do not usually waste words over what I do not mean.
OE.	Take me away from here now.
KR.	Come now, let go of your children.
OE.	Please do not take them from me.
KR.	Give up your desire to be master over everything.
	The mastery you once had follows you no more.
CHO.	Dwellers in Thebes, our ancestral city, see! This is Oedipus!
	He solved the famous riddle: he held absolute mastery:
	What citizen did not gaze on his good fortune with envy?
	Now what a wave of awful calamity has swamped him.
	As mortals wait their final day, call no one happy
	till he passes life's boundaries, free from pain.